超越梦想

朱朋虎 著

华夏出版社

微创（中国）董事长唐骏活动讲话

怡秒优品总经理朱朋虎和上海股权托管交易中心总经理张云峰先生商谈

上海股权托管交易中心总经理张云峰先生参加怡秒优品"互联网+传统企业转型峰会"

怡秒优品实体店效果图

微创（中国）董事长唐骏与怡秒优品董事长朱朋虎合影

怡秒优品董事长朱朋虎

前言

经过一年的时间，我终于把《超越梦想》写完了，期间总是写了改，改了再改，总怕会出现什么错误给读者造成误导。要把过去十余年在手机零售领域的实操经验浓缩到一本书里不是一件容易的事情，幸运的是，我没有把这本书写成死板枯燥的营销理论教材。

一位能把店管理成功的店长一定是一个顶尖的一线销售员，在创办第一家手机专卖店之前，我在大卖场里卖过手机，也在迪信通的手机连锁店里，从一个零成交的销售员做到了店长，现在，就算自己创办的怡秒优品开了几十家连锁店，我依然担任着产品经理的职务，始终奋斗在第一线。如果有人问我：怡秒优品为什么能做成功？为什么总能发现爆款的产品？我只有一个秘诀：将自己始终置身于一线，始终置身于各种信息之中。

当你选择开店的那一刻，你就要做好长线战斗的准备，不要想着我手机店做不好可以去开冷饮店，冷饮店做不好可以去做快餐店，就跟挖井一样，挖两下碰到石头了就放弃，换个地方接着挖，这样做什么时候才能挖到水？当你的店遇到问题的时候，先从自己身上找原因，创业的本质就是不断地自我否定，在危机中寻找机遇。

我开第一家诺基亚手机专卖店的时候，店里只有我和三舅两个人，想要把店做大却一直招不到人，就算招到了人他们也干不长久，他们觉得来我的店里工作是"屈尊降贵"了，宁愿去迪信通拿1000块钱的底薪，也不愿意来我这里拿2000块钱的底薪。我想，很多做店或者创业的老板都会遇到人才留不住的问题，做店就是做人，店能做大、做好的原因就在于有一个能打胜仗的好团队。创业初期选人的前提是看对方对公司理念的理解，是否认可创始人的性格，因为一个新创团队最重要的不是员工的个人能力有多强，而是创始人和员工之间能够互相认可、彼此支持、观念一致，甚至是"两情相悦"。在打造团队的过程中，我最重视的一点就是员工培训，通过培训让员工的想法一致，行为标准一致。每一个销售人员都是你的店和消费者对接的端口，也是你获取最新市场动态的信息源。

现在全国大概有四万多家手机零售实体店，但是成功做成品牌的却寥寥无几，甚至很多店连自身的经营都维持不下去。有人说是线上网店的冲击太厉害了，有人说经济大环境就是这样，没办法，但是怡秒优品的成功告诉我，这些答案都不是手机实体店衰落的真正原因。他们失败的真正原因恰恰是因为没有品牌理念，缺乏经营原则。除了品牌商的直营店之外，很多手机零售店都不止销售一个品牌的产品，他们还停留在"做买卖"的思维里面，总觉得这些产品卖出去之后就和自己没关系了，只要有人愿意买，标价2000块钱的手机，1600块钱也能卖出去，但是乱价往往伤害的还是自己，而只顾卖产品、不顾塑品牌的店也不会把生意做大。

我最初决定把店做成自己的品牌的原因是因为专卖其他品牌的风险太大，曾经发展如日中天的诺基亚都倒下了，有几个手机品牌能长久发展？当我卖新的手机品牌的产品时，又要重新积累客户。一番思考之后，我创办了怡秒品牌，为了不造成老客户的流失，我从增加店标开始一点点慢慢布局，直到把客户与品牌之间的连接变成客户与怡秒优品之间的连接。做店不能走一步看一步，在解决当下问题的同时，还要为未来可能遇到的风险做好准备。

在做品牌的过程中，我发现一家店不仅要为消费者提供优质的产品和服务，更重要的是建立一个消费者、商家、产品三者的互动平台，怡秒优品不仅是一个销售3C产品的平台，也可以成为一个销售成功、销售梦想、销售正能量的平台。我们现在要做的不再是把客户吸引进来购买产品，而是与客户建立精神层面的连接。说实话，消费者在其他店里或者其他平台也可以买到苹果手机，那他们为什么选择来怡秒优品买呢？就是因为怡秒优品能满足他们的心理需求。同一款手机产品的质量都一样，你没办法靠产品品质吸引人，搞促销、拼价格也不一定拼得过线上渠道，毕竟你还要出高额的租金和员工工资，做品牌才是实体店未来生存与发展的唯一出路，而做品牌就得规规矩矩地卖东西，走正路。

我曾经的得力助手在我最需要她的时候从公司离职了，并且在不远处开了一家与怡秒优品差不多的店。这让我感到惋惜的同时，也让我看到了新的方向。即便她的店就开在怡秒优品的附近，但是怡秒优品的销量却并没有受到什么影响，为了验证自己的想法，我在两家店之间的位置又开了一家怡秒优品，结果发现新店依然能够盈利，利润只比老店差一点，而且我们三家手机店都开在这里，很多顾客也会慕名而来。这个发现打开了我的新思路：原来同行之间可以共存！

我曾经只管自己的一亩三分地，不关心其他同行做得好不好，但随着与同行之间交流的加深，我发现这个行业的生态已经到了问题很严重的地步，这个时候，我产生了打造一个"大圈子"的想法，自己不会亏损的同时，还能帮到其他做手机零售店的同行。2015年，我创办了怡秒在线，初心就是想帮助全国几万家手机零售店打造一个超级流量平台，为了打消同行觉得我会谋私利的想法，我还做出了帮他们把净利润至少提升30%的许诺。而事实也证明我走对了，加盟怡秒在线的店至少把净利润提升了50%，有的甚至翻了一倍。

一个真正优秀的企业是敢于担起责任的企业，一个优秀的企业家也不应该吝啬自己的援手，在这本书中，我讲述了自己开店过程中遇到的种种困难，选店址、留人才、做团队、控价……

或许有些问题恰好正是你现在所经历的，希望我的经验能带给你一些启发，也欢迎认同怡秒价值观，想要与怡秒一同为梦想奋斗的你，与我们一起同行！

目录

Part 1　远大前程 /001

吃馒头的学问 /002

谁也无法阻止你变好 /009

远大前程 /017

绝处逢生 /024

成交在虚实之间 /033

成交就是成就别人的心 /041

Part 2　重回迪信通 /049

离开平台，你什么都不是 /050

地面店的成败在一线 /059

设定你的目标 /065

地面店的一线员工怎么管？ /077

做店 /088

我的"吸客大法" /092

逆向而行，专注目标顾客 /097

打造狼性团队 /101

Part 3　因为贫穷　所以创业 /107

我的创业并非踌躇满志 /108

二十个户口本，我的起点 /115

第一家店应该怎样选址？ /120

用"控价"打赢"价格战" /128

选人贵在"两情相悦" /136

因为"不忍"，所以强大 /145

Part 4 做 店 /155

经营就是在危机中挖掘生机 /156

品牌的根基是控价 /162

当人才在你最需要的时候离开你 /171

做店要敢于不断试错 /177

怡秒优品的品牌主张：控价 /186

Part 5 联盟，实体店的未来 /197

实体店的危机并非来自互联网，而是整个时代 /198

怡秒优品凭什么能赢 /205

怡秒优品没有秘密，只有培训 /211

好内容是新商业的入口 /219

创建怡秒在线的初心 /224

Part 1

远 大 前 程

吃馒头的学问

谁也无法阻止你变好

远大前程

绝处逢生

成交在虚实之间

成交就是成就别人的心

Chapter 01
吃馒头的学问

每次我读到一本主题为创业、励志的书籍时,我总在想:"写得不错,可他们说的还不是真正的根源!"我觉得,对一个白手起家的创业者来说,最初,骨子里真正的动力并不是设置一个庞大的、宏伟的目标,更不是首富王健林口中的"小目标",而是在你无路可退时,不得不去做的一件事。真正的根源不是你一开始就拥有伟大的梦想,而是在你半夜一身冷汗地惊醒时发现,如果不去拼,不去踩出一条自己的路,自己的父母、家庭甚至整个家族都永远无法逃脱贫穷的命运。

1983年农历正月十二,我出生在安徽省亳州市利辛县大理集镇朱郢村,即便到了现在,一提到利辛县,很多人马上就想到了"贫穷",它是国家级贫困县,大别山集中连片特困地区，也是贫困发生率达到 11.4% 的唯一县区……在我记事的时候，我家就是我们村最穷的，这和我的家族史有关。母亲生下我后，父亲就带着她去外地打工，而父亲的命运比我更加悲凉，在他 6 岁的时候，我的爷爷就离世了，奶奶随之改嫁。因此，准确地说，我和父亲都是由我的老太太（父亲的爷爷、奶奶）养大的。在我最初的记忆中，对于"父亲"、"母亲"是没有实际概念的，可以想象，一对将近 80 岁的老人带着隔两代的嗷嗷待哺的新生儿是怎样一种艰难的坚守。

我是一个喜欢思考与回忆的人，但是我始终无法找到童年时代关于爸爸、妈妈的记忆。也许，人们总是习惯于对悲伤的事情选择忘却罢了，直到小学四年级，父母才真正进入我的大脑。可能是因为思考，从小我就觉得自己与周围的人不一样，为什么？因为别人有的，我都没有。别人有父母做的新衣服穿，但是我总是穿着我老太太的衣服；别人的衣服总是很合身，而我的上衣却能拖到脚跟，总是需要卷起裤脚，卷起袖子；别人的家里时常能闻到肉香味，而我必须等到大年三十晚上才能吃上一顿肉……

打我记事起，我就逐渐认识到，我们家是村里最穷的一家人。由于饥饿、由于贫穷、由于父母不在身边，我就会经常问我的老太太："我到底是不是我爸妈亲生的？"因为我感觉不到他们很喜欢我，或者很爱我，或者很照顾我。当时他们说："咱们家太穷了，你父母也没有时间照顾你，他们必须出去挣钱。"而贫穷所导致的直接后果就是饥饿,从小到大,那种饥饿的感觉一直刻在我脑海中。

  你知道真正的饥饿是一种怎样的窘迫吗?当然,在那个年纪,我还不懂窘迫一词真正的含义,我只记得,一天能吃上两个馒头就已经是一种奢望了。当然,吃馒头也是一门技术活儿,一个大碗,下面是白开水,上面码上两个馒头,你既不能一边喝水一边吃馒头,也不能先喝水再啃馒头,准确的吃法是先吃馒头,第一个馒头一般是狼吞虎咽,第二个馒头要细嚼慢咽,咀嚼出甜味来。在吃的过程中,你要小心翼翼,让馒头的碎片掉在碗里,最后,才一口一口地喝完漂着馒头碎屑的白开水,这种吃法不仅不会浪费一丁点儿馒头,而且还能让吃饱的感觉持续得更久一些,让饥饿的感觉来得晚一些,当然,倘若你想打个饱嗝,两个馒头肯定是不够的。

  那时候,我特别羡慕我的同龄人,他们不仅一天可以吃三顿饭,而且还有生日过,对每个孩子来说,生日都是个最重要的日子,不管多穷的人家,生日的那天早上,长辈至少会煮三个鸡蛋,下一碗鸡蛋面。每每看到别人过生日时的样子,我也渴望着,到了我生日那天,老太太也会给我煮鸡蛋,哪怕一个也好。千盼万盼,盼过了年,到了正月十二那天,老太太还是将我的生日忘了,也许,是老太太的年纪真的大了,他们真的记不起来了。是啊,对一个连吃饱都是一种奢望的家庭来说,过生日这种念头又从何谈起呢?我终于明白,原来,因为贫穷,我连生日都过不了!

  当然,人生总不会处处都是苦,苦尽总有甘来的时候。尽管生日过不了,可是,还有最让人激动的节日——春节，在这个中国人最隆重的节日里，我不仅可以吃饱，而且还能吃好，尤其是去亲戚家拜年，面对满满一桌子丰盛的菜肴时，我的馋虫终于得到全面的释放！这种满满的吃饱的幸福感一般从大年三十开始，一直持续到正月十五，一般过了正月十五，大伙的年货基本上也吃得差不多了，接下来，又回到数着馒头过日子的时候。

小时候，我的体质不太好，一到换季的时候，总是容易感冒。在我的记忆中，感冒、吃药、打针并不是一件让人觉得痛苦的事情，相反，这让我有一种比过节还幸福的感觉。感冒的时候，年迈的老太太轮流背着我，小心翼翼地将我送到村医那儿，退烧后又将我背回去，在他们并不强壮的背上，我仿佛拥有了所有的关爱，当然，还有比这种感觉来得更实在的美味——米汤鸡蛋。我想，他们做的米汤鸡蛋可能是这个世界上最美味的食物了，打上一碗刚刚出锅的米汤，掏出一枚鸡蛋，加些白糖，搅匀了，瞬间，整个屋子里都飘满了鸡蛋花的香甜味道。他们端到床头来，吹一下，再吹一下，递给我，看着我喝完，再将碗口舔干净。

贫贱夫妻百事哀，在童年时，我对这句话就有切身体会，家里经常揭不开锅，上顿不接下顿，每每这个时候，老太太老两口就会拌嘴吵架，后来，两个人谁也不理谁。

一天，我刚刚放学回来，他们吵架后再次陷入冷战中，我知道，又没人做饭了，但我也有我的办法——去邻居家蹭饭吃。我嘴巴不甜，也不知道应该怎么跟别人说，可以说，我的"蹭"法没有任何技巧，在别人家正是饭点的时候，我坐在别人家饭桌旁边，大多时候，人家都会喊我一块吃，当然，我也不敢多吃，吃个半饱就满足了。"蹭"不到饭的时候，我只能饿着肚子上学，在课堂上，老师在讲台上讲，我在下面饥肠辘辘，从左边口袋里搜到右边口袋里，希望能挤出点馒头碎片或者米饭粒，可是，往往你越没东西吃的时候就越饿得慌，于是，咬铅笔头、啃书角便成了真正的家常便饭。

好不容易盼到放学的铃声，我三步并两步冲在最前面，第一个回到村子里。那个时候天还未黑，下地干农活的人们还没有回来，村子里家家户户都是空着的，在那个年代，村里人家是不锁门的，而我要做的，就是去这家厨房看看有没有剩下的馒头，去那家厨房看看有没有地瓜。当然，人家的菜园也是我经常光顾的地方，那些青里透红的西红柿以及苦苦涩涩的黄瓜也成了我的主粮。我时常想，我的动作真的异常灵敏，村里真的从来没有人发现，也许，是他们选择了"看不见"。

童年时候的我，几乎没有朋友，没有玩具，没有游戏，但这并不代表我不快乐，从现在来看，我非常珍惜、感谢上天给我的那段饥寒交迫的生活，因为它让我懂得了苦难、贫穷，让我学会了独处与思考，学会了搭建自己的城堡。

我悄悄地在家里的草垛里打了一个洞，当我感到恐惧或不安时，那个洞就成了我最安全的藏身之处。在那个洞里，我听不到老太太的争吵，整个世界虽然有些黑，但却异常宁静，在这个洞里，没有贫穷与富贵，没有幸福与痛苦，没有争吵，没有饥饿，只要我不说话，没有人说什么。

我的家在村的最西头，西边大多是老房子，土墙、稻草屋顶的草房，条件稍微好一些的家庭，一般都在村东边建砖墙瓦顶的瓦房。

现在回想起来，草房子住起来真是别有一番趣味，每逢下雨的时候，我总是找来大盆小碗放在漏雨的地方，只要雨不停，滴答滴答的声音就会一直延续下去。等到晴天了，老太太找来梯子，爬到屋顶上，找些塑料袋子裹些稻草，将漏雨的洞口堵起来，可是，不论怎么堵，总还有漏雨的地方。

日子长了，经过若干个春夏秋冬，再"坚强"的稻草经过风吹雨淋也会烂掉，今天糊好了这里，明天那里缺了，后天补了那里，再过些日子，雨稍微大一些，先前糊好的又全部漏了。我记得有一天晚上，先前补好的地方几乎全部漏了，我们用完了家里能接雨的所有工具也不够，桌子上漏，板凳上漏，连床上都漏……我躺在床上，将脸盆放在胸口，双手扶着接雨，我不敢沉睡，生怕睡着了，将脸盆里的水打翻。

除此之外，土墙也老了，很多地方开了裂，到了冬天，北风一股一股地往里蹿，在屋子里打转。几场凶猛的北风路过，北面的墙明显歪了，老太太找来三根木头顶着。那时候，我总是担心这面土墙会坍塌，总会不自觉地离墙远一点，我时常会盯着墙缝看，观察裂痕有没有张得更大。那时候，我想，倘若这草房子真的塌了，我的安身之所就只有那个草垛中的洞了，也许，草垛中的洞比这草房子更暖和、更安全，只是它太小了，小得只能容下我，容不下老太太，容不下床，容不下锅碗瓢盆。

Chapter 02

谁也无法阻止你变好

我从小就比较独立，什么事都自己去想、自己去干，擀面条、蒸馒头、挑水这样的家务我样样拿手。整个村子里只有一口水井，离我家大概有一公里远，要打满一缸水，需要满满的六桶，也就是说要来回三趟，对年迈的老太太来说，这无疑是一段艰难的路。那时候，我常常想，如果时间过得更快一些就好了，到16岁，我的肩膀就能为家里承担更多的事情。

事实上，大约在十一二岁的时候，我已经可以挑水了，两个半桶，一边走一边洒，到家里时，桶里的水会少很多。因此，别人是三趟挑满水缸，我需要五趟，别人打满一缸水需要40分钟，我需要一个多小时。有时候，挑第一担水的时候太阳还挂在西边，等水缸满的时候，天已经黑透了。

农村的生活就是这样，数着日头过日子，地里的活儿总是干不完，太阳露头了，人就要起床，下地干活儿。我的祖辈们在这块土地上耕耘了一辈子，生在这里，活着为了这里，死了埋在这里，我们的汗水、荣誉、尊严以及与生活有关的一切都在这里。

在我的记忆中，常常浮现这样一种场景：那是秋天，下午5点多的光景，天还没有黑透，老人点着了地里的麦秸，热乎乎的火光照在脸上，红通通的。

农忙季节，我成了家里的主厨。我学会的第一道菜是炒洋葱，老太太告诉我，先放油，再放洋葱，最后放盐巴，当你发现铁锅里的洋葱有一些煳了，就可以出锅了。

大约在三年级的时候，有一个老太太（父亲的爷爷）病倒了，父亲赶回来花光了他所有的积蓄，让他多活了一年。那个时候，从老太太的口中我学会了一个词，叫赤农。他说，过去有富农、中农、贫农、赤农之分，如果是中农，家里还是有一些底子，但赤农就几乎一无所有了。他说，我们家当时的情况就是赤农的状态。父亲走后，一个老太太一手照顾躺在床上的老太太，一手照顾我，这样的日子延续了一年多，生病的老太太才离开我们。然而，此时，当我努力去想象老太太的模样时，却仿佛什么也想不起来。生命如此奇特，二十年一晃而过，然而，有些事已经发生了很久，有的人真的已经离开了我们的世界，甚至在我们的记忆中消失了。时间与空间，对平凡、渺小的人类来说，无法计算与衡量。

Part 1　远大前程

我从来都不属于聪明的那种类型,在很小的时候,我就已经清楚地意识到这一点,在课堂上,同样一个生词,全班大多数人都会默写了,可是我依然不会。我试图将大家带进曾经的生活中去,但是实在找不到更贴切的词语来表达。

我在教室中间特别扎眼,与众不同,直到上学,我依然穿着老太太的在补丁上接着打补丁的衣服,老太太说,我的屁股像长了角一样,总是撑破裤子,于是,在我的屁股后面,有两个特别显眼的大补丁。课间,同学们都出去玩,我不敢出去,甚至刻意减少上厕所的频率,我害怕别人笑话我,我希望大家看不见我,事实上,我特别渴望能和大家一起玩。

闭上眼睛,我才能回头看过去最真实的自己:那个腼腆与穷困的孩子,黄黄的脸,将身子装在宽大的衣服里,歪着头,咬一口铅笔,看一下窗户外面,顿一会儿,又咬一口。少年时代就是这么讽刺却又很悲哀,我可怜那时的自己,但同时又很憎恶命运的安排。

在我上小学的五年里,老师对我的评价非常中肯,他说:"这家伙太老实,连话都不会讲!"

我的老实给我带来了好运气,在那个小学需要考试才能决定升级或留级的年代,每次期末考试我都能拿到幸运的 60 分,最高也就 65 分,小学升初中也是。

我坚信,人的命运七分靠打拼,三分天注定。在不懂得什么是真正的艰苦的年纪里度过了人生中最艰难的几年，我知道，上天对所有人都是公平的，有的人，尽管含着"金钥匙"出生，一出娘胎就懂得了享福，但他却没有学会体验"苦"的味道。受苦，也是一座宝藏，当你真正体验到生活中的苦时，你才会明白，有一种日子，需要我们扛起来过，这不就是人生吗？

不管家里多么艰难，我的父亲都极力支持我念书。我上初一的学费是100元，但当时家里拿不出来，父亲让我去镇里找他的一个朋友借，我记得最后没有借到，当时，我暗暗发誓：一定要好好念书，一定要争气。

我的苦日子在念初中时开始有了转机，尽管家里依然贫穷，但是我的父母终于回来了。他们在村里开了一个榨油坊，为当地人压榨花生、大豆、芝麻、油菜籽等，加工一桶10块钱。生意无大小，只要你勤奋，就会有收入。父亲的榨油坊虽然不能致富，但却让家里有了稳定的收入。

父亲对我说："你是要上大学的人，没有手表不行，我准备给你买块表。"

"我不要手表。村里那个大学生，他没有手表不也考上了嘛！我要和他一样，剃他那样的发型！"在20世纪90年代，郭富城的中分头几乎是所有年轻男生的追求，但我却理了个方方正正的大平头。

中学在镇上，离家有14多里地，我和同学一起在学校附近租了间房子，月租10元，一个星期回家取一次干粮。回到家后，家里面会蒸一锅馒头，一锅最多能蒸 35 个，除去在家吃掉的 3 个，一次最多能带 32 个。可是，我每周要在学校待 6 天，一天三顿吃 6 个馒头，怎么算也不够吃。即便如此，当母亲问我够不够吃时，我的回答永远都是够了。很多时候，我一顿只舍得吃一个馒头，倘若宿舍里来个同学再吃我两个，那我就得断粮了。

我知道，要考上大学，首先要考上利辛一中，有人说，考上了这所学校，就相当于半条腿迈进了大学。

第一年中考考试前我得了急性胆囊炎，别人去考试，我在医院躺着，因此耽误了。

复读了一年后，考了将近 600 分，还差几十分。我问父亲，我要念高中还是中专，父亲说，你上高中还要继续读三年，上了高中再没考上大学挺亏的，况且，即便考上大学还要继续苦读四年……

父亲的话说到了我的心坎里，倘若我选择读高中，考上了大学，这未来的七年，我怎么熬？想到这里，我义无反顾地选择了中专，以总分第一名的成绩考进了安徽贸易学校，选择了最热门的计算机专业。为了将第一名的成绩延续下去，我非常努力，每次考试都是第一名，每年的奖学金名单上都有我的名字，我突然发现，原来自己享受这种被人关注的感觉。

我们中的很多人都有过不被人接受的时候，没有人愿意帮助我们，仿佛所有

超越梦想

人都将我们拒之门外，然而我们就只能躲在角落里，看着周遭的人匆匆而过，却没人看我们一眼。就算我有两个老太太的照顾，就算我也有同学，但我不开口的时候我也什么都没有。

上帝给每个人的命运都是平等的，造物主给我贫穷，给我受苦受难的机会，同时也给予我不一样的人生阅历，磨砺我的性格，让它坚韧不拔；造物主给我愚钝，给我曾经沉默的岁月，同时也给我善于独立思考的能力，让我的思想更加成熟。

计算机专业让我找到了自己的优势，我的逻辑思维能力比较强，善于推理，在我看来，整个计算机语言就是推理。我记得，当时老师要求大家用c语言做一个学习成绩管理系统，全系只有我一个人能做出来。后来，我参加了安徽省c语言编程比赛，获得了第二名。

我曾是一个内向的人，敏感甚至有些害羞，在人多的时候，我是不敢讲话的，但是，我羡慕那些走到哪里都能成为焦点的人，他们口若悬河，出口成章，不论什么时候，他们都能表达出自己的观点，我想，倘若有一天，我也能成为那样的人，该是一件多么幸福的事情。

我下定决心要改变自己，忘记那个曾经卷着裤腿、窝在草垛里的自己，过去的已经过去。未来的命运在我自己的手里，倘若我永远活在过去，那我的生命不是和停止了一样吗？我开始强迫自己往人多的地方走，进入别人的圈子里，进入别人的世界，成为别人的朋友，也许别人会拒绝我，但是，你拒绝我并不代表我无法进入你的世界。我已经在孤独的世界里度过了童年、少年，我不想在未来的日子里依然孤独。

任何事情要取得成功都要经过训练。一个婴儿，从爬行到蹒跚学步一定是一个循序渐进的过程，即便是说话，也是从牙牙学语开始，到模仿成人的表情，学会表达喜悦的微笑以及表达愤怒的哭泣。在任何时候，我们也不能因为某一个方面能力的缺乏而放弃自己、否定自己，相反，那正是自己努力的方向。

为了改变自己，我去图书馆找各种关于人际交往、口才、心理学的书籍，当我深度阅读时，我发现，自己进入了一个更加美好的世界，因为演说真的可以改变一个人的命运。你知道吗？正是因为当年的阅读、口才训练等让我找到了事业的导师、生命中的贵人以及朋友，正是他们以及他们的思想改变了我的命运。

每次班里有口才训练课程，我都会抓住机会，主动上台，那时候的我根本不会演说，甚至根本就不知道应该说什么，于是，我选择了读给同学们听。第一次上台，我不敢面对大家，当我看到台下几十双眼睛时，我甚至无法呼吸，我转过身去，面对黑板；第二次上台，我开始侧着身体，慢慢地转过来；第三次，我开始慢慢地抬起头，看着大家……如果你见到那时候的我，你也许根本不相信我的故事，你甚至会私下说，这样一个内向的人怎么还站在台上耽误大家的时间？

超越梦想

造物主给你一双腿，让你走出去，去寻找自己的领地；给你一双手，让你去劳动，去实现自己的价值；给你一双眼睛，让你能看见这个世界的美好以及阴暗，让你学会辨别是非善恶；给你一张嘴，让你说话，让你与人交流，让你的思想为人所知，让你举世瞩目。然而，有多少人不明白这个道理，有多少人将最美好的年华放在错误的地方。

我们无法选择自己的出身，贫穷或富有，容颜姣好或丑恶，身体健康或残缺，我们却可以选择去做一个更好的自己。除了自己，这个世界上没有人能阻止我们变得更好。你、我都是这大千世界中平凡的人，但是，我永远不会停下学习的脚步。

Chapter 03

远大前程

读书与远大前程代表了父亲对我的期望，在血气方刚的年华里，我曾发誓一定要改变面朝黄土背朝天的命运，在广东最南边阳江市的某个靠近大海的镇子里，我钻进被窝，经常会哭着睡去，祈求我的命运真的能发生改变。

在安徽贸易学校学习三年后，我和另外两个同学被推荐分配到某个知名大型食品厂，这种校企订单式合作让我们顺利就业了。在去之前，我们并不知道具体做什么工作，不过，计算机专业的学生做的事情应该不会离电脑太远吧？

2001年元旦，我们作为正式员工被送到这家企业进行军事化培训，毫无疑问，这让我们一行三人感到非常震撼，每个人都知道，这一定是个非常正规的大型企业，否则，对我们不会如此重视，我们渴望着能尽快上岗。我真的太幸运了，梦想并非遥不可及。

可是不久之后，发生的一切让我们措手不及。高强度的军训之后，我们被分配到车间，具体的工作就是"开"叉车，我为什么要在"开"字上打上双引号呢？因为我们的车就是那种人力托盘搬运车，在使用时将承载的货叉插入托盘孔内，由人力驱动液压系统来实现托盘货物的起升和下降，并由人力拉动完成搬运作业。这个工种的名字听起来不错，但实际上是车间里最苦最累的活儿，一个班12个小时，像我们这种新人被安排到晚班，天黑就进车间，天亮才能出来。忽然，我明白对我来说，曾经对生活所有的梦想在这里都将成为泡影，在这里，我们只不过是会说话的机器，你不用去思考明天，只需要重复你的劳动，消耗你的体力。

你是否经历过这种现实生活给你带来的心理上的落差？你梦想着去一家大企业做一份前程似锦的白领工作，但现实中却在40摄氏度高温的车间里拉叉车。如果你曾经也有这样的经历，你就会明白，这些根本无法轻易忘记。于是，这种对命运的不公，甚至有种被戏弄的感觉一直缠绕着你，这种心理上受的苦与身体上受的苦积压到一定的程度，有一天，终于爆发出来。我们找到车间主任理论。

"在培训时，说好让我们开果冻机，现在不仅不给我们开，还让我们拉叉车，凭什么？"我问。

"没到你们开的时候!"车间主任吼道。

"什么时候才算是到了时候?"又有人呛了一句。

"他妈的,哪儿来那么多废话!"车间主任被呛急眼了,开始骂人,如果谁再问一句,他就开始动手了。

在车间里,最轻松的工种就是开果冻机,在我们看来,每天的工作就是按几个按钮。上岗前,他们说我们这一批人是企业未来的骨干,是栋梁之材,难道栋梁之材都是在车间里拉叉车拉出来的吗?

在年轻的岁月里,我们原本充满了对梦想的追求、对未来的渴望,但这些在燥热的车间里一点点地被挤压。不接受自己就无法真正快乐,与生存的环境格格不入,与现实的抗争以及自我否定让我们对这个世界充满了不满。

对我们来说,当时最幸福的事情就是在海边,一人一瓶啤酒,吹着海风。海浪一阵一阵地拍打着海岸,仿佛在问我们:你是谁?你千里迢迢到这里来到底追求什么?你的归属到底在哪里?

拿着900元的工资,在车间见不到光的日子里,我们又怎能知道自己的未来在哪里呢?三个年轻人无法找到这些问题的答案,在海边抱头痛哭!

当然,有的人顶了一个月,实在吃不了这样的苦,就辞职走人了。我也想离开,但是,我没有钱。父母为了供我念书已经掏空了家底,已经踏入社会的我又怎能再开口向他们要钱呢？再苦再难，我也要坚持下去，至少要挣够了回去的路费。

精打细算的能力在我当年吃馒头的日子里就已经得到锤炼了。当时，从合肥到阳江的路费是借来的，第一个月的工资的一半要还这笔钱，另一半当作生活费，这样算下来，要还完账以及挣到回去的路费就需要工作两个月。

可是，当我拿到工资买了几件换洗衣服，置办了一台手机后，口袋里总是维持着没钱的状态，直到第七个月，我才买了回合肥的车票。

事实上，我也不知道合肥究竟有什么在等着我，但是，除了合肥，我还能去哪里呢？

倘若人生是一座100层的塔，每一个人都必须要去攀登，那么，在人生最初的几层中，我就踏空了，因为我根本不知道脚下的是台阶还是陷阱。然而，人生不正是如此才精彩吗？从1到100层，我们永远不知道自己会在哪一层踩空，我们只知道，脚下的阶梯总会消失。生命是有限的，它仅仅是一个过程。

与其说是重新出发，不如说是逃离阳江。我不想让生命浪费在昏暗的车间中。一个人最怕的不是没有路，而是他原本的天赋、梦想在岁月的流逝中逐渐消失，因为这样，他就会失去力量。

回合肥后，我花了很长一段时间找工作，去人才市场填各种表格，参加各种岗位的面试，每次都在说完自己的工作经历之后是毫无音讯的等待。谁会要一个在工厂拉了7个月叉车的人呢？

我记得有一位作家曾把人生比作蛛网，他说："我们生活在世界上，对他人的热爱、憎恨或冷漠，就像抖动一个大蜘蛛网。"那个时候，我的内心世界就像这位作家笔下的蜘蛛网一样，原来，我那么多年的书都白读了，现在连去哪里、做什么都不知道。未来、出路到底在哪里？小时候的那种饿的感觉再一次刺激着我，让我感到梦想幻灭、希望成灰、欢乐失色，心里只剩下真正的恐惧。

当我即将花完在工厂存的所有积蓄时，我真的不知道接下来的日子究竟该怎么过，内心的恐惧像一堵墙沉重地压在我的胸口上，让我无法呼吸。当苦恼、无助与恐惧愈来愈沉重、难以负荷时，我失去了理智思考的能力，我只想斩除痛苦，而非拯救自己。我想到了死亡，也许，死亡是唯一的出路。

我想到了至少100种死法，但我要选一种最舒服、最熟悉以及最不恐惧的死法——饿死。饿死只需要躺在床上不吃不喝，从开始的胃绞痛到后来没有任何感觉，整个人像喝醉了一样飘飘然的，过去的岁月在脑海中像走马灯一样，是的，我仿佛真的回到了童年，回到了那个摇摇晃晃地挑着半桶水的12岁的时候……

大约第三天，抑或是第四天，我从昏睡中醒过来，嘴唇干裂，甚至呼吸时都能感觉到胃部的疼痛，我用力扯了扯头发，扯下了一小把。我忍着痛，艰难地翻身下床，慢慢地将自己挪到门口，从二楼顺着楼梯扶手爬到一楼饭堂里，让老板做了碗蛋炒饭。

超越梦想

一顿风卷残云之后，我完全忘记了饿死自己的任务，吃饱的幸福感让我像一棵春天里的小杨柳，又充满生机。我甚至有些自责，人的一生本来就充满曲折，但是每个人的前途都是无穷的，今天也许你是乞丐，明天你可能成为亿万富豪，关键在于你不能失去内心的梦想——那些实现梦想的人，从来就不是怨天尤人的人。你看，我的青春就是这样，从死亡到重生就在一碗蛋炒饭之间。

事实上，在这个世界上，任何生命的成长都将经历这样一个过程，从青涩到成熟，从软弱到坚强。生命是成长的过程，就像一棵树，而不是一尊毫无表情的雕像。因此，任何欢喜和忧伤都是自然的，都是上帝给我们的礼物。

就在我将自己从饿死的死亡线上拉回来的那天下午，我的中专同学来找我。他在步行街买了一双鞋，穿了一回鞋底就断掉了，想去换双新的，他想拉上我。

我说："我不去，我现在心情还没调整好，想自杀，可是没死掉！"

"你别扯淡了，还自杀！你必须跟我一块儿去！"他生拉硬拽。

我说："去也成，你骑自行车载我，我是不会载你的，我没劲儿！"

"这还不是小菜一碟！"他喜出望外。

他悠闲地骑着车带我去步行街，到了那家店后我坐在外面等他，他换好鞋出来说："我以为他们不给我换，拉着你来让你给我壮胆，如果不换我们好吵架，多个人多一分力量。"

我眯着眼睛看着他，嚷道："载我回去！"

他见换鞋的目的达到，已然不愿继续载我，于是我们推着车在街上逛，走到含山路与淮河路交叉口的海亚商城门前，我们看见门口贴着一张红纸黑字的大海报：招聘手机销售员 100 名。

Chapter 04

绝处逢生

悲伤的生活就像漩涡，只会让我们越陷越深，难以自拔，而快乐的生活乃是前进的生活，其中每个事情的发生都将我们推向更高的生活层次，而且永无止境。因此，不论你的现在身处何种境地，只要不放下自己最初的梦想，不舍弃自己的初心，在你的面前始终都会出现新的天地。生命真正的奥秘在于梦想不止，生命不息；生命真正的动力在于我们需求什么，而不是我们拥有什么。你可能就像当时的我一样，穷得一无所有，事实上，一无所有才有拥有一切的可能性。一个梦想便是一个永远的快乐，它就像一座取之不竭的金矿，就像一只永远上涨的股票那样给你带来无穷的快乐，这种精神上真正的富足告诉我们：人生就像剧场。

当我看见那张红纸黑字的海报上写的"迪信通招聘手机销售员 100 名"时，我心里想：100 个人，我一定能面试上！

我马上进了店里面，填了一张报名表，交了上去，接待我的人说："明天来面试！"

第二天，我起得特别早，几乎是第一个报到，但是我不能冲在队伍太靠前的位置，我想看看前面的人是怎么面试的，因此，我排在第 15 位。

主考官有两个人，一个是白总，一个是杨总。果然不出我所料，前面十来个人面试的效果不太好，白总就将剩下的 100 多人拉到一起，他激励我们说："你们有什么说什么，把你们最好的一面展现出来，哪怕是在小学里评了个三好学生，今天你也要把它说出来，我认为，事物是相通的，一通百通。你能在小学被评为三好学生，你在我们公司，也一定就是一个三好学生。所以，你们一定要把你们最好的一面展现出来，好不好？"

白总的话真正地提点了我，在过去的面试中，我根本不知道自己应该说什么，当别人问我过去的经历时，我的答案永远是在车间拉了 7 个月的叉车。其实，我的经历很丰富。轮到我面试时，我说："我小学五年级时被评为三好学生，对我来说，这意义重大，因为这是我整个小学经历中唯一一次被评为三好学生，那个时候，我的父母刚刚从外地打工回乡，我从一天两顿饭变成了每顿都可以吃饱。我毕业于安徽贸易学校，在这里，我从一个性格内向的人成为班级文艺委员，参加校园歌星选拔赛，还成为校园明星；此外，我的计算机专业课成绩是全班第一，C语言考试得过全省第二名。毕业后，被学校推荐到广东某大型食品公司，在那里锻炼了7个月，现在回到家乡……"

就这样，我顺利通过了第一轮面试。之后，我们开始接受培训手机知识和销售技能，我特别珍惜这次来之不易的机会，这份工作对我来说太重要了。为了能顺利通过后面的面试，我每天早上5点就起床，背诵各个型号手机的相关术语、知识等。然而，真正诱发了我对这份工作的兴趣是销售技能的培训，在模拟销售时，我要推销一部手机给陌生人，通过对话，让对方认可我以及我的产品，从而决定购买，这个过程让我感到一种成就感。

最初的训练非常稚嫩却非常实用，导师将我们两两分组，一个当顾客，一个当销售员，从简单的问候语开始，挖掘顾客的需求，他需要怎样的价位，什么款式，向他推荐手机的功能、特点等，最后分析给顾客听，为什么要买这款手机，就这样一层一层地训练。

这样的模拟成交只要你敢于开口，就不会有失败。在课堂上，你的伙伴不会拒绝你，他甚至不知道应该如何拒绝你。很多人认为，销售员就是要能言善辩，会说话，在训练中，大多都是扮演销售员的在说，扮演顾客的在听，但是我认为，如果要对方真正购买你的手机，重点不是你多会说话，而是你知道怎样才能让对方多说话。

因此，我并不满足于此，回到出租房后，我又找租住在周围的同学练习，一遍又一遍。这样的经验教会我一件事：销售工作本身就是一种重复的自我训练，重要的是你要找到方法，让顾客信任你，他才会购买你的产品。

第二轮面试的时候，面试官是位女士。她说："假如我就是顾客，今年28岁，我想买一个1000块钱左右的手机，你给我推荐哪一款？"

我答道："推荐摩托罗拉V190。"

她说："这种透明外壳的手机，我不喜欢，而且电池不耐用。"

我看着她的眼睛，顿了一会儿，微笑着对她说："我向您推荐摩托罗拉V191，您看，这款手机是绿色的，很时尚，非常符合您的气质，它待机时间能达到七天，而且价格不贵，才899元，您看可以吗？"

她听我说完，点了点头。我没想到，短短的几句话就让我通过了第二轮面试。

第三轮面试时，每个应聘者只有一个问题，我接到的问题是：你觉得怎样才能做好一名手机销售员？

我说："在最短的时间内取得顾客的信任，客户必须先相信我，我讲的所有东西客户才会听、才会接受，只有这样我才能把我的手机卖给客户。我认为这样就能把手机销售员这份工作干好。"

超越梦想

如何做好一个销售员？这是一个非常宽泛、非常难回答的问题。直到今天，我才知道，当时我的答案是这个问题的标准答案。今天，当我培训怡秒连锁的一线员工时，同样也是沿用这样的思维模式：一切交易产生的根基就是信任。在任何一场交易中，每一方利益的实现都将取决于对方的行为。从本质上来说，任何交易中都存在着委托代理关系，每个交易者既是自己利益的委托者又是对方利益的代理者。在实战经验中，我的做法是还未成交服务先到。

我至今记得当初白总讲的那句话：事物是相通的，一通百通。我相信，这个道理不管过了多少年都是经典。这句话让我找到了努力的方向，要成功，首先要把手机卖好！

我们的培训和面试持续了足足一个月才结束。2002年6月29日上午9点，迪信通合肥旗舰店正式开业，而我们在早晨6点就全部到齐。当时的店面是大厦的整个负一层，大约有2000多平方米，一共有9个环岛，每个环岛10个人，1个组长带领9个组员，我被分到第七组，当时主打品牌有摩托罗拉、诺基亚、科健和波导。

9点刚一开张，"哗"——人就涌了进来。你难以想象当时火爆的场面，几乎每个柜台前都挤满了人，当时诺基亚是名副其实的"机皇"，口碑在外，几乎不用销售员费什么口舌。可我的运气却不太好，到上午11点，别人都有了业绩，有的七八台，有的四五台，只有我一台都没有卖出去。

我不知道问题出在哪里,所有人都在忙,只有我一个人无所事事,不知所措。这时,有人走到我面前,我赶紧挤出笑脸,刚想开口说话,这个人就说:"我看看!"那个时候,我是不知道怎样往下接话的,只能看着对方走掉。

另外一种情况则是终于找到开口说话的机会,我恨不得将平日所学全部用上,将所有型号的手机的优点都罗列出来,可等我说完后,对方却说:"我再看看!"

我始终抓不住顾客。事实上,这也是现在很多刚刚进入销售行业的人都会遇到的问题,当你滔滔不绝地介绍完产品后,客户并不买账,这让你的一切努力变得徒劳和无奈。问题到底出在哪里呢?你有没有发现,在这个过程中,我一直没有问顾客到底要不要我推荐的手机,抑或更深入一点,顾客到底要什么?在销售中,有一个很关键的点叫"临门一脚",指的恰恰就是在自己由浅入深、滔滔不绝地向顾客"表演"完之后,要敢于果断而坚定地问顾客:"我介绍的这款产品你到底要不要?"否则,结局就像当初的我一样,"热脸贴了冷屁股"。

那天上午,小组里的人都有成交,有的人忙着带客户去库房看真机,有的带着客户去交钱开发票,只有我站在那里,发呆、咬牙,我暗暗地恨自己:为什么别人都能成交,我却一台手机都卖不出去?我的运气真的这么差吗?

也许,我真的不适合做销售,我太高估自己了,之前所做的一切只不过是纸上谈兵,等到用的时候,却不行了。商场提供免费午餐,我想,吃完这顿饭,我就走了!

这个时候，当初面试我的杨总正在巡台，她走到我这个柜台前时，看到只有我干站着，她有些严厉地说："朱朋虎，你站在那个地方干吗呢？你没有看到科健专柜那么多人吗？赶快过去！"

领导的话我要听，我急急忙忙就到科健专柜那儿去了。那时候，国外手机厂商想要在中国市场立足，都需要和国产品牌合作，因此成就了一批国产手机品牌，科健和三星的合作在当时的市场中拥有较高的知名度，甚至成为国产品牌中的佼佼者。那时，科健手机包装盒上都写着中国三星，给人一种三星的感觉，而且，科健的营销做得也很好，请当红影星代言，备受年轻人的欢迎。

科健专柜两边各站着一个促销员，他们是厂家过来的人，而我是商场的销售员，我站中间。顾客过来后，两边的促销员就开始介绍科健，我在一旁听着。没过一小会儿，就有个顾客要买一台，是那种下翻盖的。

这时，促销员对我说："你是销售员吗？开票。"

在商场，只有销售员可以开票，但当我听到这句话时，我整个人完全是懵的，这是我人生中第一次开票，怎么开，我根本不知道。我问她："是不是这样开？"

她说："到一边去，我来给你开。"开完后，她说："来，在这里签上你的名字。"

我老老实实地签上我的姓名。

"好了,你带顾客去交钱吧!"她说。

我结结巴巴地问她:"去哪儿交钱?"

"算了,现在比较忙,你站在这里,我来带顾客去交钱。"她瞪了我一眼。

这是我人生中卖的第一台手机,尽管事实上并不是我主动成交的,甚至连发票都不是我开的,但我依然很兴奋。

这个时候,又过来一位顾客,另一个促销员就开始介绍,我在旁边仔细地听着。让人意想不到的是又成交了,这次,我知道了如何开发票,在哪里交钱。

到了吃饭的点,商场的人少了,两个促销员都去吃饭了,我没有去,只有这个时候,我才有机会尝试用从促销员那里学来的话术,看靠自己能不能卖一台。

这时候,来了一位男士,胖胖的,我依着促销员的话术照葫芦画瓢,找出他想要什么,我发现他对后翻盖的那款机型比较感兴趣,我对他说:"刚才我卖了两台这款后翻盖的机子!"

"我再看看吧!"他说。

再次听到这句话,我应该怎么应对呢?难道就这样放走他吗?我顿了顿,大声对他说:"还看什么看,就买这台!"

可是,我的强硬并没有让他做决定,他还是转到别的柜台去了。但他转了一圈后，又回来了，他说："小伙子，就给我拿这一台吧。"

原来，销售就是这么简单！我要做的就是找到顾客想要什么，然后帮助他下决定买他想要的东西。

那款后翻盖型号是科健3900，那天，我共卖出去6台。这让我印证了一线销售的奥秘，当你直接与顾客沟通时，只要你懂得问问题，学会真正去了解顾客，找到他的需求，有时候，甚至你对你的产品只字未提，他就已经决定购买了。

Chapter 05

成交在虚实之间

滴嗒、滴嗒、滴嗒……

你听,这是时间的声音,这是这个时代的声音。这是最好的时代,只要你敢于拼搏,你就能找到自己奋斗的方向;只要你敢于超越梦想,你就能成为你想成为的那个你!一切都显得非常简单,只要你能洞察自己的心,清楚自己需要什么,明确自己的路究竟在哪里。

我在科健促销员那里学会了卖科健 3900 型号的手机,第二天,我用同样的方法向其他人学习卖别的品牌、型号的手机。当时,我看见西门子专柜有一个男销售员,他成交得非常快,几乎不用跟顾客说什么多余的话,一会儿就能成交。他究竟是怎么卖西门子手机的呢？我站在他旁边悄悄地听。

他站在西门子柜台里，见有顾客走过来时，他热情地招呼道："这是我们卖得最好的西门子2118手机，今天我们开业做特价808元！"

显然，他先用价格吸引住客户，当然，他的热情也让顾客愿意过来听他继续说。想想看，倘若一个销售员只想着自己的业绩和奖金，强迫推销给顾客不想要的手机型号，顾客会跟他做生意吗？因此，当他看到顾客时，他首先想到的一定是应该怎样才能帮助这位顾客。

当顾客坐下后，他问："你计划买什么价位的手机？"

"大约2000元左右的。"顾客回答道。

他接着问："你买手机的目的是什么？接打电话、发信息，除此之外的功能大多是没有实际用处的，那么，我们为什么不选一款经济实用的呢？"

他非常诚恳，仿佛是在帮助别人买到他需要的东西，不仅如此，他显得非常轻松快乐，而且，他成功地将这种令人愉悦的感觉传递给顾客。他接着说道："你看这款西门子手机，纯正的德国血统，通讯稳定，待机时间长，现在只要808元，你为什么要去买一台2000多元的手机呢？省下的1000多元可以去买其他的东西！"

显然，他成功地和顾客交换了角色，他看到了顾客心中所想、所需要的一切，然后通过这款售价808元的西门子手机去满足顾客的需求，而且为顾客省下了

1000多元，这个时候，他的成交几乎就是件不费吹灰之力的事情了。

我一边看他如何成交，一边反思：为什么我卖不出去手机呢？关键在于我用的是最笨拙的推销方法，让顾客感到一种强迫的压力，甚至有些死缠烂打，更准确地说，在我的整个销售过程中，我没有一套成体系的促成成交的语言。

销售并非是顾客想买什么我就卖什么，简单地说，顾客想买某一个高价格区间的手机，那么，我可以推荐给他一款相对低价格的手机，但其功能是差不多的，只要我推荐的产品能给顾客带来好处，就有可能成交。次日，我用这个方式卖出了4台西门子2118型手机。

在最初接触销售的阶段，我就是通过这种方式学习卖不同品牌、不同型号的手机，从科健开始，到西门子、摩托罗拉、夏新……我逐渐认识到，每一款手机的卖点都不同，话术也都不一样，但好在每一款手机总有一位顶级销售员，而我要做的就是领会他的销售技巧。

当年，有一个手机品牌根本不用我去学习销售，它就是诺基亚，很多顾客都是拿着诺基亚手机的宣传单找上门来找畅销机型，迪信通开业时，正是借力诺基亚在消费者心目中的影响力，用低价来招揽顾客。但对我们销售员来说，卖诺基亚手机的提成非常少，因此，我们需要极力引导顾客购买其他品牌，这是当时手机卖场的商业模式。

也正是这个原因，当时很多销售员一看见顾客手里攥着诺基亚的广告单就赶紧跑开，在他们看来，倘若他们无法说服顾客购买其他品牌，不仅没有提成，而且还耽误时间。但我却认为这是我能深入了解顾客内心，了解他们的需求，做好销售的机会。道理非常简单，当顾客来找你，他二话不说就要买诺基亚的某款手机，但实际上，他当时的消费是冲动的，也许，他根本不知道真正适合自己的手机到底是哪一款。这就像医生给病人开药方一样，倘若医生看都不看，就直接开药，并宣传这种药可以医治百病，这种药病人敢吃吗？显然，没有对症下药的方式让人无法产生信任感，这便是很多销售人员在销售过程中被顾客拒绝的主要原因，他们无法让顾客产生信任感。

也许，你会问，应该如何让顾客信任自己呢？我的答案就是尽一切可能了解你的顾客，并努力成为他的朋友。因此，当拿着诺基亚宣传单的顾客前来时，我会更加热情地招待他坐下，通过精准的聊天了解顾客真正的需求到底是什么。在这个过程中，一定要全神贯注，用心去听顾客的每一句话，觉察顾客潜在的购买动机，只有这样，才能将话说到顾客的心坎里，才能真正切中要害，并赢得顾客的信任。

有一次，有个顾客来到我面前，他要买一台诺基亚8210手机，当时，我清楚地记得这款手机的毛利润是负145元，也就是说，每卖出去一台，我们商家就要亏损145元。因此，我试图说服他购买其他品牌手机。

"先生，您好！您看，这些是卖得最好的几款手机！"我指着柜台里的样机说。

他轻轻地摇了摇头："我只要诺基亚8210。"

他非常坚决，目标也非常明确。我想，既然你一定要诺基亚，我就介绍诺基亚，只要你不买诺基亚8210这一款手机。即便你最终购买诺基亚8210，我也要让你买一些其他的配件，这样至少我们不至于亏本。我初步制定了我的销售计划，但是要说服他，就必须全方位地了解他，我将其总结为"一虚一实"。"实"指的是顾客目前的真实情况以及购买的真实目标。首先，必须要了解他现在的实际状况，包括收入、工作等。其次，需要了解他购买的真实意图是什么，包括是自用还是送礼、喜欢时尚还是实用等；"虚"指的是顾客对产品不了解、看不见、不明白的地方以及产品的核心价值。大多数顾客在意自己了解的产品所带给自己的认知与影响力，并因此产生最终的购买决策，而对其他产品之间的差异往往选择视而不见，而一位优秀的销售员，就能懂得引导顾客去发现这些。

"先生，你是自己用吗？"我继续挖掘他的"实"处。

他回道："不是，我买给我老婆的。"

"先生，这款手机前三次充电必须要充满6到8个小时，而且每次都必须将电量用完，再充满，连续三次，为的是以后手机电池耐用、持久。但是，手机充电是经过主板对电池进行充电，充电的时候，手机会发烫，这个时候对手机的主板是有损害的。最好的充电方法是将电池卸下来，放到座充上去充电。这样，首先不会损害主板，其次，座充比较慢，也不会损害电池。所以，你买这款手机必须要配一个座充。"我说。

显然，我在运用销售中的"虚"。顾客购买的目标明确，但他却看不见这款手机的缺点在哪里，而一个成功的销售在这里就需要引导顾客去发现问题，并帮助顾客提供解决方案。

他问道："我就用标配的充电线直接充电，不可以吗？"

当然，顾客可能不会马上买你的账，事实上，当他这样问的时候，在他的潜意识中，已经肯定并接收了我发出的讯号，他只是缺一个非常肯定的答案。

"是的！如果你希望你的手机使用寿命长一些，必须为它配一个座充！"我坚定地回答。

他看着我依然坚决的眼神，似乎也找不到拒绝的理由，他说："好，我就配一个座充！"

得到他肯定的答复后，我知道，我已经找到了他重视的核心价值——持久、耐用。于是，我接着说："当你把手机电池卸下来，放到座充上充电的时候，你的手机是关机的，如果这个时候你打电话找你的老婆，你可找不到。"

"那怎么办？"他问。

这个时候，在"虚"处我们就要继续发力，找到准确的解决方案帮助客户彻底解决他的疑惑，那么，接下来客户只能按照这个方案做，才能找到他心中存在的某些重要的价值。

我诚恳地答道："你可以再配一块电池，一块充电，另一块正常使用，不仅有效延长电池的使用寿命，也能保护你的手机。我卖你的东西品质都有保障，座充和电池都是包换的，一起买的话才128块钱，比单买便宜。"

他听我说得有道理，点了点头，同意买一套电池和座充。

事实上，即便按照我给出的购买方案，这单生意依然是亏本的，于是，我说："你买了这么贵的一款手机，需要配一条挂绳，拴在这里！"我一边把挂绳套在手上比画着，一边接着说，"这样打电话的时候可以套在手上，防止手机摔落，即便有人想偷手机，还有个绳子拴住。配一个挂绳的话更安全、更保险，而且才58块钱。"

他笑着说："你说得对！我老婆经常丢东西，那就听你的，再配一个挂绳！"

坦白地说，大多数人并不了解自己，而一个好的销售员能够在"实"与"虚"之间逐步走进顾客的内心，真正认识顾客，引导顾客寻找自己真实的需求，成为顾客的朋友。

这位顾客从一开始只想买一台诺基亚8210手机，到后来买齐所有配件，公司也从负毛利到正毛利。其实，在所有配件中，挂绳的利润是最高的。

开完票后，这位顾客给了我一张他的名片，我接过来一看：中美史克制药有限公司安徽区总经理。

他说："你一个月多少钱？不如跟我干吧。"

"一个月拿 1000 块，好的时候也就拿个两三千块钱。"我实话实说。

他说："你跟我干，我保证你一个月拿 5000 元，最少也有 3000 元。"

我婉拒了他，因为当时的我已经深深地陷入这种最初的销售工作中，说得俗一点，我卖手机卖上了瘾，从来没有想过要离开。

Chapter 06

成交就是成就别人的心

生命原本就是一份弥足珍贵的礼物，每一天，甚至每一分、每一秒，都是崭新的；每一月、每一周，甚至每一天都有它独特的色调。也许，一天过去了，你以为一切都没有变，其实这只不过是一种幻觉，此时的你已经不是昨天的你。有一位哲学家说，这个世界上不会有同一条河流，也不会有同一片树叶。是啊，岁月如流水，除了一些记忆，我们还能抓住什么呢？在写这本书的过程中，我试图回忆起所有的事情，在这些事情中找到彼此之间的逻辑，但是我知道，必然有些什么被我遗忘了。尽管如此，有些记忆，越远却越清晰。就像 6 月的麦地里，那金黄的麦穗、鲜艳的夕阳、篝火以及三三两两的祖辈……

超越梦想

我多想在老家的树林里坐一会儿，闭上眼睛，将脑海里的人都想一遍；我真的想念过去的日子，即便一无所有，但却可以带着求知若渴的目光观察周围发生的一切；我多想此时的自己还能有过去一样的爱好、一样的思想、一样的情感。简而言之，一切都如花似锦，韶华灿烂。但岁月与人生的阅历已经彻底再造了我们，有的地方被剥夺，有的地方有所增添。人这一辈子，就像在给自己雕一尊像。庆幸的是我在一无所有的时候已经学会了拒绝，至少，我可以按照自己的喜好来刻画自己的模样。

那个时候，我享受成交的过程。有人告诉我，每个行业的顶级销售精英都享受成交以及被成交的过程，这个道理很简单，我们自己从事销售这个行业，有什么理由拒绝别人向自己推销呢？我想，当年那位中美史克制药有限公司安徽区总经理也在享受着被成交的过程，也许，他早已看穿我要推销什么，早已看透了虚实，但他却不点破。他享受着当交易达成后，传递给彼此的那种喜悦、充实的兴奋。

试想，一场交易失败了，对方的情绪可能会影响到自己，那种挫败感、失落感也会传递到自己身上，因此，我们看到很多实体店中销售员的服务态度不好，最终导致顾客的心情也不好，然而，成交之后，所有的问题都不存在了。我发现，越是能够被别人成交的人，他的销售业绩也一定会非常好，因为越会成交的人越享受被成交。

如果你很难被别人成交，那么，你也很难成交别人，有很多案例可以验证这句话。在我们怡秒公司，很多人在没有成为我们公司员工之前都曾在我们店里消费过，而且，很多人都是能买的都买了，这些人到我们怡秒团队做销售后，成交的能力都很强，曾经买得越多的人，后面卖得也越多。

当一个人的格局大了之后，他才能明白，朋友与朋友之间是需要捧场的。假如我们有朋友正在卖一款产品，而作为他的朋友我们都不买，这就叫不捧场，到最后是双输的局面。我们都是做买卖的，相互捧场，这样就会"众人拾柴火焰高"。生意很多时候是共生的，一荣俱荣。

有一句话叫作：恨人富，笑人穷。你富了，他看不顺眼；你穷了，他也会笑话你。简单来分析一下这些人的心理，我认为那些喜欢"踩人"的人，往往非常好强，什么事情都要争抢，当出头鸟，但却不肯实干，总幻想有朝一日能出人头地、飞黄腾达，所以，当这类人看到别人超过自己时，就心中生怨了。一个人倘若不能用正确的态度看待自己，自然也不能用正确的态度看待别人，他们喜欢用自己的成绩和别人的缺点做比较，用自己的长处和别人的短处做比较，结果总是自己略胜别人一筹，总认为"老子天下第一"。事实上，这些都是胸怀不够宽广，妒忌心理在作怪。

在我们农村，为什么很多人越来越穷？为什么很多山区封闭的村子，最后家家户户都沉陷进去？因为在那样一个封闭的环境中，我不希望你好，你不希望我好，最后，大家捆在一起挨穷。然而，成功的人永远都是我希望你成功，你希望我成功，最后，大家共赢。

有人说，知识改变命运。我认为，这个知识并不是课本上的数学公式或实验室里的化学实验，而是最朴素的社会生存哲学。自古至今，不论是成就大业的枭雄，还是开创伟业的名商，无不精于用人。

在迪信通，当我对当时所有机型的手机销售都了若指掌后，我被提升为组长。但是，在我的组里，除了教他们应该怎么卖产品外，我根本不懂管理，不懂如何用人。

当时，我们组有 10 名组员，提拔我当组长仅仅是因为我的业绩是最好的，并非这些人都愿意跟着我干，这一点我也很清楚。所以，我只能想方设法帮助他们把业绩提升上去，除此之外，我是没有能力领导他们去做别的事情的，确切地说，我的影响力比较微弱。

有一天，白总来巡店，他招呼我说："朱朋虎，你过来。"

我跟着他走到一组柜台前，由于柜台是活动的，销售员或靠在上面，或趴在上面，久而久之就歪歪斜斜，而人们也逐渐习惯了柜台保持这种歪歪斜斜的状态。

白总指着这组柜台说："你看，这组柜台有什么不同？"

我答道："不齐！"

这个时候，白总亲自挪动柜台，再侧身用余光去看它是不是在一条直线上，然后，他让我也像他一样侧身去看，他问道："现在对齐了吗？"

我看了一下，答道："好像还是不太齐！"

白总蹲下身子，眯起一只眼睛，再站起来，一点点挪动柜台，显然，他要将这组柜台摆到分毫不差。他摆完之后，又问我："你再看看？"

我也像他一样，眯起一只眼睛看过去，我答道："现在齐了！"

这个时候，他轻轻地说道："柜台是这样，当它斜着的时候，你扶它一把，其实它就齐了，员工也是这样，明白了吧？"

白总一直用这种方式教我管理的学问。他说："当员工站得不直的时候，你要扶一下；当员工的状态不是很好的时候，你要扶一下。当你习惯性去扶他的时候，你发现他永远是好的。明白了吗？"

我说："我明白了。"

然后，他带我到非营业区，前面有两个空柜台摆在那里很久了，一直没有人清理，他问道："你看这个柜台放在这里合不合适？"

我说："应该把它推到一个顾客看不到的地方。"

他说："来，我们两个一起推过去。"

当时是2002年，现在已经是2017年，已经15个年头了，白总的言传身教至今历历在目。

很多人在创业初期都不懂得如何管理员工，其实，这是一个富有挑战性的难题，尽管你可能很想去营造一个具有高度团队精神、彼此欣赏的氛围，但是，你很难时刻把握自己的情绪，在员工犯错的时候，做到不去责骂。对真正的人才来说，金钱和物质有时候并不是最重要的，他们需要的是领头人的认可与激励。显然，白总用很短的时间、很平常的小事让我明白了应该如何带领组员，但在这个过程中，他并没有责骂我一句，这才是真正睿智和优秀的管理者。

从那时起，我就坚持一个信念：尽一切可能扶持别人，你自然会得到他们的信任，从而提升团队士气。

在接下来的不到8个月的时间里，安徽迪信通在白总的带领下迅速扩张，接连开了三家大店——合肥分店、蚌埠分店、芜湖分店，这是迪信通的黄金时代。

但就在那个时候，也就是2003年3月，我辞职了。年轻气盛的我认为，在这里，我很难真正得到重用。开合肥分店的时候，店长不是我，等到开蚌埠分店的时候，店长又不是我，开芜湖分店的时候，店长依然不是我，而我的业绩是大家有目共睹的，在所有的男性销售中，我的业绩是第一名，而且我是组长，已经具备管理的经验。在我看来，公司让那些能力不如我的人当店长是因为他们暗箱操作，这样的体制对员工不公平。

那段日子，我开始消沉起来，我认为再这样继续卖货也没有什么意思，就算做得再好，也得不到领导真正的信任与重用。我认为，我必须正视这个问题，在这里，我已经学会了销售，甚至学会了初步的带领团队，但是，现在却到了我应该离开的时候，而此时退出，我认为我至少赢得了尊严。

事过多年之后，当我也面临着选用店长这个问题的时候，我才明白，那个时候的我才 20 岁出头的年纪，而对于店长的选拔，并不单纯只考核业绩。一家新店要面临的事情实在太多了，不仅要面对店内的 100 多名员工，还有形形色色的顾客；不仅要面对竞争对手，还有厂商，而那时候的我，显然并不具备那样的能力。

这个板块的内容，让你有什么感悟？

Part 2

重回迪信通

离开平台，你什么都不是

地面店的成败在一线

设定你的目标

地面店的一线员工怎么管？

做店

我的"吸客大法"

逆向而行，专注目标顾客

打造狼性团队

Chapter 01

离开平台，你什么都不是

过去和未来都不属于我们，但它们却用回忆中的懊恼、悔恨、悲伤，抑或感恩、希望、欢喜让我们时刻感知到自己的存在，因此，生命只是一个过程。生命有时候很轻，轻得像一个筹码，也像一场赌博，那个时候，我们都还年轻，我们似乎将自己的未来都抛给命运，希望能从命运那里夺回失去的快乐。生命必然经历这样的旅程，从轻薄到厚重，从棱角分明到浑然一体……

在迪信通短短的七个月时间，我就认为自己已经学会了销售，有了一技之长，眼里除了自己，能容下的人越来越少，我想，虽然迪信通不给我店长的岗位，但在其他平台，以我的能力一定能做到店长。

Part 2 重回迪信通

2003年3月,重新出发的我雄心勃勃。我面试的所有岗位都是店长或经理,我试图将我在迪信通所做的一切的努力、学到的所有的东西都展现给面试官,我用尽全力地想告诉对方,我的能力完全可以胜任店长或经理的岗位,但结果却没有一家企业聘用我。

我非常沮丧,我这么年轻就已经做到了迪信通几百人中的销售冠军,为什么这些企业就不给我一展宏图的机会呢?

承认失败,然后从失败中东山再起是一门技术活儿,显然,那个时候的我根本不懂这个朴素的生存哲学,尽管我将找不到店长职位的原因归咎于用人单位的"有眼不识泰山",但现实的窘迫给我泼了一盆冷水,我逐渐接受了这个现实:干店长,也许,自己真的不够格。

当时,摆在我面前的有两条道路:一是回迪信通;一是在其他公司从销售员干起。也许那时我还没有到濒临绝境的时候,我本能地感觉到我不愿意接受这个现实:从迪信通离职,在外面跌跌撞撞后,又走回头路。但让我在其他平台从基层销售员开始做,我又心有不甘。当时,迪信通已经是中国手机零售领域第一名,一个迪信通的组长下放去做销售员,我觉得这会让以前的老同事们看不起。

我迟迟下不了决心,时间转瞬即逝,三个月之后,我依然没有找到合适的工作,我开始有些后悔当时贸然离开迪信通,显然,这种后悔无济于事。

当时，我的父母在广东打工。大概是 2003 年 7 月，我给父亲打电话，把我的近况告诉了他。父亲对我说，你来广东吧，至少一家人在一起。

我再次南下，投奔我的父母。父亲认为，以我的学历，可以找一份库管的工作，虽然辛苦，但却不用整天在外风吹日晒。

广东的机会比安徽多，很快，我就得到了一次面试的机会，在河源的恒福陶瓷厂，我应聘的就是仓管的岗位。我已经有了成功面试的经验，只要我不说错话，成功的可能性应该很大。况且，经过专业训练，已经做了大半年销售的我，口才肯定比一般人好，怎么可能会在面试的环节中说错话呢？但等到了这家陶瓷厂后，我才发现，即使是一份库管的工作也是竞争激烈，除我之外，还有其他 10 个人竞争这个岗位，更关键的是，我们要拼的并非谁的"口技"好，而是最原始的"点数"。

瓷砖从生产车间转入库房时，瓷砖会装箱一堆堆地码放，考官给我们出的题就是快速点出某一堆瓷砖准确的数量。这种面试方式非常实用——"是骡子是马，拉出来遛一遛！"

果然，有几个人数来数去也数不明白，他们找不到码放的规律，只能用死办法一箱一箱地去数。轮到我时，我只用了一分钟不到的时间，就把数字告诉考官，当他把我的数字和他的答案一对比时却发现，我的数字比标准答案少了一箱。

于是，我又数了一遍，肯定地告诉他："你手上的'标准答案'是错的！"

他上下打量了我一番，看我不像说谎的样子，拉着我亲自过去数了一番，他说："我的数字和标准答案一样！"

"一层 12 箱，总共 8 层，标准答案是 96 箱，对吧？"我问他。

"对呀！但你刚刚为什么说是 95 箱？"他很惊讶。

"你看，倒数第二层少码了一箱！"我指着那堆瓷砖，笑着说。

他爬上去一看，果然少了一箱！他朝我竖起了大拇指，说："小伙子，你行呀！你被录用了！"

我是幸运的，刚到广东就找到一个安身之所，但紧接着我就发现，尽管在这里工资和以前在迪信通差不多，但本质上完全不一样。就像父亲想的那样，库管的工作轻松、安逸，每天的工作就是入库、出库，而且还是"三班倒"，一个班只有 8 个小时。

当初负责面试我的人就是我的直接领导，他很喜欢我，也因此给了我更多自由的时间。但是，在这里，我却无时无刻不在想着卖手机。

在库房里工作，每天能接触到的人很少，偶尔和工人们搭上几句，有时候，甚至一天也碰不到一两个人。我记得有部老电影叫《鲁滨逊漂流记》。鲁滨逊落难至荒岛后，他面临的最大困难不是缺少食物，不是没衣服和住处，而是孤独，他没有和人对话的机会。于是，他教鹦鹉说话，以缓解焦虑和孤独的情绪。我觉得我比他还要差，因为鹦鹉是活的，而我只能教瓷砖说话。人生，总有一些时间，在孤岛里生活，除了自己，再无他人。

我百无聊赖，为了打发时间，我试图通过写"销售话术"来找回那种卖手机的感觉。我假想了无数个场景，遇见各种类型的顾客，和他们对话，想办法去成交。这种自我模拟的方法让我找到了自己之前销售工作中很多细节上的不足，因为当我将自己假想成客户，用客户的身份与自己对话，将客户说过的话再说一遍给自己听时，我发现，客户说出来的并不一定是自己的"真心话"，大多时候，客户说出来的话仅仅是为了得到我们的回应与肯定，然而，很多销售员忽略了这一点。

如果说销售的第一层境界是想方设法地成交的话，那么，我认为，其第二层境界就是进入客户的内心，听到对方所说，看到对方所想、所需要的一切，然后设法去满足他们，让他们更快乐、更满足。

但是，彼时的我，就算明白了这个道理又能怎样呢？如果我不去改变，也许，我这一辈子就和这些瓷砖在一起，我不说话，它们永远也不会有回声。

每个人都应该努力活出自己的精彩，哪怕是飞蛾，那么渺小，甚至微不足道，但却能飞出窗户，冲进外面世界的滚滚洪流之中。即便力不从心，它依然以最绚丽的姿态追求自己心中的梦想。

我内心挣扎着，但表面却波澜不惊，我学会了将各种苦闷埋在心里。直到有一天，我中专时的同学王洪涛来找我。当时，他被人骗到深圳做传销，趁人不注意，翻墙头逃了出来。

找到我的时候，他已经身无分文。尽管被骗做传销让他充满愤怒，但依然没有浇灭他的发财梦，显然，他和我一样不甘心。

他说："兄弟，我要打翻身仗，我想创业！"

"做什么呢？"我问道。

我们都知道，对我们这样没有背景、没有家底儿的穷二代来说，创业是快速成功唯一的出路。但是，到底做什么，谁也说不好。

在我上班的时候，王洪涛去网吧在网上找创业项目。当时，周鸿祎创办的3721浏览器非常火，因为很多人通过这个浏览器找到企业和产品，找到商业项目。王洪涛就在这个平台上找到了一个创业项目——POP设计与制作。POP，也就是卖点广告，像摆设在店头的吊牌、海报、小贴纸、纸货架、展示架、大招牌、实物模型、旗帜等都属于POP。他的创业项目就是帮商家做POP。

他如获至宝，兴奋地说："我们回合肥创业，你看这个POP项目，投资2万元，一年就能赚20万元。"

我对究竟如何创业也没有具体的计划，我试图让他冷静下来，说："不会又是传销吧？"

"怎么会是传销，就算是传销也是我骗别人，别人骗不了我！我们只需要一台电脑和一台彩色打印机，然后在3721浏览器上推荐的商家那里买一套POP制作软件就可以干了！"他信心十足。

他说得确实有道理，先前我在迪信通上班的时候，几乎每次做促销活动都需要大量的POP，很多都是手工制作，既费时费力又不美观，如果真的有现成的模板制作，我相信很多商家都有这样的需求；此外，我们都是计算机专业毕业，对POP设计以及软件使用也算是手到擒来；其三，2万元的总投资额不大，我做库管以来，存的钱也差不多够了。

想到就要做到，做事绝对不能拖泥带水。我马上辞掉了库管的工作，辞别父母，准备打道回府。在回合肥前，我们找到3721推荐的那个POP制作软件公司实地考察，那家公司在东莞。实际上，所谓的考察，就是去"偷师"，计算机专业毕业的我们怎么舍得真的花2万元买一套软件呢？

"穷创业"自然有"穷办法"，回合肥后，我们租了一间房，找在电脑城上班的同学配了一台电脑，买了一台爱普生彩色打印机，这两件硬件总共花了不到6000元，至于软件，我们买了一个盗版软件，只花了240元。我第一个电子邮箱就是为了注册阿里巴巴的账号而注册的，用我姓名的全拼加上出生年月注册的新浪网邮箱，至今我还在使用。

一切准备就绪，我们打印了一些POP样品，迫不及待地找商家，谁料到头一回就吃了个闭门羹。谁会相信两个手里捧着一堆纸就上门找人谈合作的愣头青呢？我们既不是企业又不是个体户，谁会相信我们呢？

那个时候，我才明白，创业并不像有些励志书里讲的那样，在车库里摆两台电脑就可以。即便是白手起家，你也得需要注册个公司，拜访客户时，至少可以自报名号，就像三国时，编草席的刘备、卖绿豆的关羽和杀猪匠张飞于乱世中打出"刘皇叔"的旗号。

于是，我拉上王洪涛当天就去工商局办营业执照，没想到，这"第二炮"又没打响。我们找到办照窗口和办事员解释了半天才说清楚我们的创业项目，办事员说："你不用说那么多，你们不就是开一家打印店吗？"

"对！跟打印店差不多！那这个打印店怎么办营业执照呢？"我问。

办事员上下打量了我们，说："你们铺面租好了吗？把租赁合同给我。"

"一定要租铺面才能办执照吗？"我疑惑地问。

办事员看着我，她又好气又好笑，半晌捂着嘴说："没铺面，你执照上的营业地址写哪里？"就这样，我和王洪涛在工商局闹了个"大红脸"。当时我们已经没有钱了，要租铺面就要再向别人借钱。为了稳妥起见，我们决定先跑业务，赚些钱再租个铺面开店。

我们两人一人买了一份合肥地图，挨个商家地上门推销。我记得在寿春路上看到一家超市外墙上的POP是手工绘制的，我进去找到店长，寒暄几句后就问道："你看，我这个电脑设计的POP做得怎么样？你看我这个色彩比你们手工画得更亮、更鲜艳，你考虑一下，你们有没有需要？"

那个店长看都没有看，答案是："没有。"

我再问："那么，你们有没有做POP的需求？"

他还是回答："没有。"

于是，我无计可施，向他道谢后，打退堂鼓了。

那个夏天，太阳火辣辣的，我们连续在外面跑了一个月，两个人都晒成黑炭一样，也没有成交一单，根本没有人搭理我们。我们两个人也从一开始的热情似火、干劲十足到像两个霜打了的茄子。

第一次创业就这样宣告失败，我再次身无分文，散伙的时候，我抱走了电脑，他抱走了打印机，他说："打印机的钱我先欠着，以后有钱了再还你！"

后来，他找到一份加油工的工作，而我，只能重新出发。

Chapter 02

地面店的成败在一线

对刚刚步入社会的年轻人，我只有一句话要说："向远处看。"刚刚进入职场的人几乎都盯着眼前的事情，比如收入微薄，找不到归属感，没有方向，等等。当你站在50层的高楼看地面上的行人时，行人如蝼蚁，蝼蚁的世界发生的一切能让你忧郁吗？当你站在海拔2000米的山顶看50层的高楼，高楼如积木，积木的崩塌能让你心生恐惧吗？当你坐在万米高空的飞机上，俯瞰云层之下的连绵不断的山川、河流以及环抱其中的城市，你的眼中已经容纳了整个山河大地，而此时的你，如同鸿毛一片。我常常想，如果我的目光永远停留在生我养我的朱郢村，也许，此时的我依然和我的祖辈一样，过着面朝黄土背朝天的日子。

超越梦想

当我再次失业时,我眼中盯着的依然是我曾经最热爱的手机行业,这让我既兴奋又畏惧,畏惧回到迪信通的情绪就像一个樊笼将我困在里面。人一旦感觉到无助和空虚,就很难再次站起来,但不能站起来的人还是一个完整的人吗?我这样告诫自己:一定要回到手机行业,一定要重新站起来。

人想要作为一个真正的人存在,就要不断地问"为什么必须要这样"、"我是谁",实际上,在后来我的创业过程中,每次当我遇到困难时,我都会问自己这两个问题,它们让我时刻保持觉醒。

2004年11月,在一个同学的推荐下,我去了海鸥集团投资的手机卖场,再次从基层销售员开始。经历过百无聊赖的库管工作以及失败的创业,当我重新回到手机零售卖场时,我终于找到了一种久违的兴奋感,仿佛冥冥之中上帝在我的心中植入了一颗种子,只有在这片土壤中才能生根发芽。

当我再次站在柜台前时,我发现,原来自己一开始的担心根本就是多余的,虽然已经离开柜台这么长时间,可是我的销售技巧、话术不仅没有忘记,经过这段时间的思考与磨砺,反而更加熟练。如果说,之前在迪信通我的技巧是一种模仿,那么,在海鸥,我才真正地长出了一对"销售的翅膀"。在这里,我第一个月就夺得销售冠军,被提升为店长。事实上,分给我的店并不大,位于某个负一层的超市里面,相当于迪信通旗舰店的一个环岛大小,只有两个员工。

在其位，就要谋其政。当店长后，我发现这家公司有很多根深蒂固的问题，正是这些问题阻碍了他们的发展。比如说，当时总店有两个店长，一个是上海总部委派的正店长，负责总店的运营管理；另一个是在合肥本土聘请的副店长，负责下面各个分店的运营管理。除此之外，管理层全部都由上海总部委派。这些人没有在一线做过销售，甚至根本不懂店销，但是，他们就直接管理一线销售员，完全用他们"自认为"是的想法决定销售方案，结果自然是必败无疑。

天下没有做不好的生意，产品滞销、生意萧条的原因只有一个，就是当下的工作方法已经无法满足时代和消费者需求的变化，然而，我们听到最多的便是"经济不景气"、"老百姓口袋里没钱"、"这个行业已经是英雄落幕"等借口。

地面店的经营，成败的关键在于能否在一线把握住客户。只有了解和处理好一线市场存在的问题，才能把这个店面做好。尽管看到了公司存在这样的问题，我的店虽然小，但却是盈利的，身为店长，上面的话我听，但是具体如何做我还是按照自己的想法来。

然而，总店的状态却是另一番模样。很多销售员的心态不好，顾客来了就接待一下，大多时间，三五成群地在柜台前聊天打发时间。显然，大家已经失去了斗志，如果你发现一家店存在这样的问题，那么，它离关张也就不远了。

不论是哪个岗位的员工，不管他曾经有怎样的业绩，到一个新公司时，一定要接受培训。对实体店来说，倘若一线员工没有统一的培训，大家的想法不一致，行为标准不一致，久而久之就成为"散兵游勇"，我认为，这是导致员工怠工、散漫的第一个原因；一个好的实体店的管理者与决策人，他们时刻在捕捉一线市场的变化，而这些信息的来源正是一线员工，因此，管理层一定要相信自己的一线销售员，给他们独立创造的空间，相信他们的销售策略与方法，在这个过程中，严格遵循"实验—执行—实验"的步骤。然而，海鸥对一线员工实行的永远是"执行—执行—执行"，哪怕是错误的决策。比如说，我当时提出西门子的一款翻盖手机适合主推，而且单机的利润可观，为了佐证我的观点，我拿出了我的店的销售数据以及周边几家店的调研分析报告，然而，管理层却完全置之不理，在他们看来，地面店就应该薄利多销。然而，低价，真的就会多销吗？

在实体店的实际经营中，很多时候根本不按照经济学的理论去运行。学院派和理论派在市场中不是完全没有用，但是脱离了实践的理论就是"认死理"，一个"认死理"的人况且还没有什么好结果，更何况是一家"认死理"的公司呢？

在薄利政策下的海鸥，一线销售员每卖一台手机，提成更少了，他们当然提不起精气神，然而，在管理层眼中，这一切都归结于员工的不努力、不拼搏，导致了原本就不景气的手机零售市场雪上加霜，他们更加不信任员工，也更听不见员工的心声，这是一个恶性循环。

所谓经营，就是不忘根本，脚踏实地地向前迈进。只有凭借这种实干的精神，才能应对各种挑战，才能在危机时做出及时有效的应对措施。古时行军作战时如此，今天商场上依然如此。有时候，你兵多将广、粮足钱多，甚至占据了地理优势，但是这一切恰恰却是你致命的缺陷，因为这些遮住了你的眼睛，让你看不见真正的危机。我想，这是海鸥之死的根本原因。

尽管海鸥最终还是倒闭了，但是我对自己的未来规划却更加清晰了，我坚信，在手机零售行业里，一定能实现我的梦想。就在这个时候，我知道了一个让我既惊讶又沮丧的事情：我在迪信通的那些老同事，大多当了店长，有人甚至当了区域经理。显然，他们的收入也远远高于我。这也直接说明了迪信通的发展，在业内，迪信通已经几乎坐上了"龙头老大"的位子。这个时候，我才真正明白，离开迪信通的这些日子，才是在浪费生命。我迫不及待地想重回迪信通，我笃定，这才是我唯一的选择。

2005年10月，我去找以前我在迪信通时的直接领导，他曾是我的店长，现在依然在那家店当店长。我告诉他，我想回去。他二话不说，马上做决定留下我，至今，我依然感激他。

重回迪信通，就像第一次进迪信通一样，我从一名基层销售员起步，但是，我暗自告诉自己，要当店长，然而，欲当店长，先当组长，因此，我要用最短的时间当上组长。当然，这对我来说并不难，没过多久，迪信通就给了我组长的职位。

Chapter 03

设定你的目标

不论你的命运如何不值一提，你都要面对它，在它的安排下好好地生活，不要试图逃避，更不要去咒骂，因为，命运的安排并不一定都是坏的，它只是有些顽皮，在你认为最窘迫的日子里，给你再添加一些苦恼。然而，你要相信，一切都会好的，因为一切都会朝着好的方向发展，只要你心中依然没有放下你的梦想，只要你的骨头、血液，你的一切的一切都为你的梦想运转。

前段时间，网上有个演讲，主题叫《寒门再难出贵子》，很多人评论说，这个社会让贫穷的人更贫穷，富有的人更富有，社会阶层的阻塞让寒门还能出贵子吗？我不同意这种说法，那些真正成功的人，大多出自寒门。我最喜欢的演员周星

超越梦想

驰，拍的每一部电影都能成为经典，而且，他拍电影时用的主角往往都不是当红大牌，相反，很多人因为他的电影一夜成名。同样作为导演，你知道周星驰和别人到底有什么区别吗？实际上，人和人之间真的没有什么大的差别，如果有，是无法言说的命运安排。周星驰出生在香港九龙贫民区的木板房里，正是这样的经历，他所有的荣誉、梦想都要用自己的拼搏来实现，正是这种骨子里的东西让他与众不同。

我曾是个自卑的人，每每遇到挫折时，我都希望能有一个童年时的草垛洞，让我一个人躲在那里。然而，人生并不是草垛洞，要改变命运，就必须走出洞口，去外面的世界寻找人生真正的价值。

我曾经对销售之外的事情没有什么兴趣，业余时间，我大多的消遣是抱着第一次创业留下的唯一财产——那台电脑——看周星驰的电影。直到有一天，我的一个同学改变了我，他叫胡后地。他在一家国企工作，月薪过万元，是众多同学中"混"得最好的一个，他经常全国各地出差，见多识广，因此，在众多同学中，他的话最有说服力。

有一天，他来找我，他说："有一位从台湾过来的教授来我们公司讲课，我听完后，觉得你应该跟他学习。"

我心想，既然胡后地这么说，想必一定有他的道理，但是不知道这个台湾的教授到底讲什么课程。于是，我就问他："他讲什么课程？我又不是你们公司的员工，怎么跟他学习呀？"

他笑了笑，说道："这还不简单，你在'电驴'上搜索一下'张锦贵'，就能看到录播的课程。"

身为台湾第一代培训大师，张教授的讲课风格自然、随性，经典案例在他口中呼之即来，来之即用，更重要的是，他将人性与销售结合起来，认为成交的本质即是做人的成功，一切成交都是因为爱……

这些之前闻所未闻的思想深深地吸引了我，我发现，原来互联网上隐藏着这样一座金矿，然而，以前的我却从未发现。我像一块干透了的海绵，不断吸收，拧干，再吸收。

我用了一个月时间，将网上能找到的张教授的课程全部听完了。

我想，一定还有别的老师的课程，就这样，我又找到了安之老师。

如果说张锦贵老师的课程让我警醒，让我去探索一个崭新的世界，那么，安之老师的课程就像一根火柴，他彻底点燃了我，让我发现了人生的意义。安之老师让我清醒地认识到，我原来是多么渴望成功。贫困的根源并不是因为没有背景，没有富有的家底，没有高学历，而是你没有梦想，更没有超越梦想的勇气。

命运就是垂青于敢为梦想拼搏的人，在我最需要名师指路的年纪，安之老师出现在我的世界里，仿佛冥冥中早已注定。

我学习的安之老师的第一堂录播视频课程是"成为亿万富翁的秘诀"，尽管现在已经过去了这么多年，我依然记得他讲的那段话："要成功必须要有目标，有目标就相当于在大海上有一个航行的方向。什么叫目标？你问很多人，你要赚多少钱？他们会说，我要赚很多很多钱，但这都不叫目标。你要赚很多很多钱的意思就是我不要赚钱。你要赚多少钱？赚10万元、100万元还是1亿元？你要明确目标。那么，这样行了吗？还不行。你必须为实现目标设定一个时间段，保证在这段时间内实现它，这才叫目标。那么，这样就行了吗？这样还不行。你必须要把目标打印在纸上贴出来，放到你随时可以看见的地方。那么，这样行了吗？这样还不行。请记住最最关键的一句话：只要你心里不断重复这个目标，这个目标必然会变成真的。所以，你必须经常默念你的目标。那么，这样行了吗？这样还不行！"

他又说："你除了要有大目标、年度目标，还要有季度目标、月目标、周目标、每天的目标，你要把你的目标细化到这种程度。那么，这样行了吗？这样还不行。你必须要把它写下来，必须要写下来才可以。写下来行了吗？写下来还不行。写下来还必须要能够做到，做到才行。你要保证每天进步1%，这句话非常重要。如果你每天进步1%，那么你一年进步的速度是多少？计算一下，365%。那么，你一年的工作可能相当于别人做三年、五年，甚至是十年的工作。你回忆一下，你过去那么长时间里，你进步多少？如果觉得我说的话有道理，你就记下来，就这样去做。"

安之老师的这堂课彻底震撼了我，让我头皮发麻、热血涌动，让我迫切期望用他的方法去获取成功。

我给自己设定了一个目标：五年之内成为百万富翁。我把这个目标打印在纸上，贴在每天都能看到的地方，不仅如此，我每天都默念这个目标。接着，我为自己制定了每天的目标，按照安之老师的方法，每天进步1%，今天一定要比昨天好1%，如果今天我的业绩是900元的毛利润，明天我就要获得901元的毛利润。

那时候，每天早上醒来，我就不断重复告诉自己：今天一定要比昨天好！今天一定要比昨天好！今天一定要比昨天好！

也许，我没有一颗聪明的脑袋，但是，我有一双勤劳的手，我有曾经贫穷的经历，这些让我比别人更加渴望成功，因此，当我听到安之老师获取成功的方法时，我完全按照这种方法去实践。第一天，我的业绩确实比前一天好；第二天，我的业绩再一次比前一天好。连续两天的成功实践让我非常兴奋，也令我更加相信安之老师的方法。但是，事不过三，到了第三天，直到下午6点，我一部手机都没卖出去，我悄悄地在心里嘀咕：安之老师的方法也许并不是真的，他仅仅是说说而已，而我就傻傻的真的相信了，百万富翁的目标怎么可能这么容易就能实现呢？

想到这里，低落的情绪又回到我的身上，但是耳边仿佛一直有另一个声音不断地告诉我：不到最后一刻，不要轻言放弃！是啊，卖场是晚间22点下班，我还有足足4个小时。

我开始努力克制那些负面的情绪，它们让我的思维受限，在安之老师的课程中，他将之称为"限制性思维"，而清除负面情绪的方法就是不断在心中默念"今天一定比昨天好"这句话。

就在我不断地自我抗争的时候，店里来了一行五个人。他们都喝了酒，看起来不好招待。但是，我还是像往常一样热情地迎上去，但没想到，我刚往他们那边走了三步，他们中的一个人就气势汹汹地对我说："干什么的？你干吗的？"

他的态度让我有些吃惊，但我还是客气地说："我是销售员，我来服务你，帮你挑选手机。"

没想到这个人非但不领情，还对我说："滚一边去，滚！最烦别人跟在我后面了，又没偷你家东西。"

我觉得他们可能不是善类，能不招惹就不招惹，但我身为销售员，不管对方是谁，都要想办法成交，况且，我今天的目标还没有完成呢！想到这里，我压着心里的火气，轻声说："好好好，没关系的，我离你远一点，你需要的时候你喊我，但是我必须要跟在你后面，你骂我也没有用，除非你不看手机。我们经理在那边，如果我没有为你服务的话，我要被罚钱，你也就将就一下，好吧？我离你远一点，需要的时候你喊我。"

我相信大多坐店的人都经历过类似的事情，但是，你们又是怎样对付这样的顾客呢？我当时的做法既没有惹怒顾客，又尽到了身为销售员的责任，这说明我当时的心态调整得比较好，因为我用安之老师的方法成功地把"限制性思维"排除在外了。

他没有再搭理我，而是在店里转了一圈。当他们五个人围着一款手机看的时候，我马上跑过去。

我问他："你看哪一款？"

那个人说："这款手机有什么功能啊？"

他看上的那款手机是东信的一款毛利润很高的手机，售价是1699元，我暗自庆幸。我仔细地向他介绍这款手机的功能以及卖点，一切轻车熟路，尽在我的掌握之中。

他说："你就直接告诉我，最便宜多少钱？"

我回道："这款手机没有优惠！"

听我说不能优惠，他又开始急躁起来："你再讲一遍？不能便宜？！你知道我买几部手机吗？我买100部手机，你也不便宜吗？"

我依然死死地咬住价格，对他说："真的不能便宜。"

接着，我又问他："你到底要买几部？"

他说："我买5部，一个人一部，你看好了。"

我按捺住心中的惊喜，平静地问道："你真的要买5部？"

"真的假不了！"他骄傲地答道。

其实，我早已看出来他是真的要买，但是我知道，对这样的顾客，如果我直接卖给他，反而不一定能与他成交。我说："你要买5部手机，我真做不了主，我去问一下我们店长，你等一下。当然了，我给你问的价格肯定是最低的，到时候，你买不买就是你的事情了，当然我肯定希望你买。"

我进库房转了一圈，回来后，给他报了一个新的价格，当然这个价格肯定给了他一定的优惠。我说："这已经是我能帮你争取到的最大优惠了，这款手机是畅销单品，店里面是没有任何优惠的。"

"不行，我买5部，你还要给我再便宜点！"他说。

"你看，我们这所有的手机都是不还价的，是因为你买5部，我才给你去争取优惠的，而且刚才你骂了我，你让我滚，我没滚，还给你服务，说明我是想卖给你这个产品，如果我不想卖，我早跑了，我不会为你跑去问店长。既然我们沟通这么长时间，又有这个缘分，价格肯定是最低的，因为我已经问过店长了，这样，我给你们每个人送份礼品，行咱们就成交，不行就算了。"

他喝得有点多，渐渐地，酒气散了，火气也缓和了不少。我这样一说，他也觉得有道理，就这样，他真的一次性买了5部手机。

在我实践安之老师"每天进步1%"目标设定的第三天，我的销售毛利润做到店里面的第一名。我已经连续成功了三天，这充分证明安之老师的方法是行之有效的，我坚信"五年之内成为百万富翁"这一目标一定能够成为现实。

当一个在孤岛中生活了很长时间的人突然找到了失落已久的金子并发现了出路，当他重回众人中时，你知道他的感受是怎样的吗？当我得到这个快速成功的秘密时，我内心的感受就像这个人一样，我想让身边的每一个人都能分享这种发自内心的喜悦，正如安之老师在课程中所说的，分享是人生中最快乐的事情，我们应该帮助更多的人快速成功。

但当我将"五年之内成为百万富翁"的秘密分享给同样在迷茫中的同学与同事们时，却没有一个人愿意相信我，他们认为我"疯"了，甚至还有人直截了当地当众宣布：如果你用五年时间能成为百万富翁，我就把裤子脱了给大伙看。

安之老师说："当有很多人反对你的时候，有可能你的点子就是最好的点子。"是啊，如果没有质疑和反对，那必然是人人都知道的方法，就像一座金山，它就在那里，但在财富的荒漠里迷失了多年的人看来，它就是海市蜃楼。这些质疑和反对声不仅没有让我气馁，反而让我更加坚定。

每一个人都可能会遇到这样的情况，你的想法可能会遭到别人的嘲笑，甚至遭到与自己最亲近的人的嘲笑。即便如此，我也没有丝毫动摇自己的想法，我对安之老师深信不疑，对自己充满信心。

这个世界真的存在吸引力法则，如果你每天都在想着同一个目标，每天都在朝着这个目标迈进，你就一定能实现它。

在我重回迪信通的两个月后，在公司的年度总结大会上，白总向全体员工说："谁敢说自己在五年之内能成为百万富翁，请你走向舞台。"

当我听到白总说到这句话后，它就像一股强烈的电流从我的头顶进入，击穿我的身体，因为这正是我为之奋斗的目标，白总——这个曾经手把手教我学会管理的人，他居然知道我的目标。

我坦然、自信地走上舞台，内心没有任何挣扎与纠结。我记得那天，我穿着大棉袄，引得台下一片哄笑。

白总看我上来，上下打量我一番，问道："你凭什么说你在五年之内一定能成为百万富翁？"

我知道，如果我答不上这个问题，大家一定会认为我在作秀，但既然我上台，就一定做好了应对之策，我想到安之老师说的财富倍增的秘密。

我说："只要我的收入倍增，我就能实现这个目标。"

"那你怎样才能实现收入倍增呢？"白总接着问。

我说："首先，我所在的手机行业是未来的趋势，未来一定是一部手机走天下的时代；其次，我所在的公司迪信通是一家成长型的企业，迪信通目前正在高速成长中，在这里，一定有我的'用武之地'；第三，我坚持今天一定要比昨天好，哪怕只进步1%。以上这三点，我都做到了，所以，五年之内，我一定能成为百万富翁！"

我说完这三点，台下从一开始的喧闹到没有一丝声响，再从一片肃静到暴发热烈的掌声、呼喊声，我知道，我的话激发了台下所有人的梦想，难道有人拒绝成为百万富翁吗？我们这些做销售的人，谁没有梦想，谁不想多赚些钱？我说的话非常直白、简单，每个人都能听得懂，更关键的是，我确实每天都在进步。

我发现白总也在为我鼓掌，那天，他非常高兴。他调侃道："你知道今天晚上你的自信值多少钱吗？"

"这是无价的！"我斩钉截铁地答道。

"今天值多少钱呢？"白总接着问。

"一块钱？"我有些疑惑。

豪爽的白总听了哈哈大笑，他说："今天晚上，在这个台上，你的自信值一万元！但后面还有很多兄弟要上来，我们照顾一下他们好不好？这一万元本来应该只属于你一个人，分一些给他们，好不好？"

"好！"我大声答道。

白总再次为我鼓掌，台下所有人都在鼓掌。

白总说："给你五千元，后面上台的人一个人一千元！好不好？"

"好！"我大声回应。

白总将话筒朝着台下，问道："大家说，朱朋虎好不好？"

"好！好！好！"台下爆发出一阵阵激烈的呼喊声。大家的激情被点燃了！

在白总的引导下，我第一次体验到这种瞩目的感觉，它太美妙了！原来，成为一个帮助别人、激发别人的人是一件如此令人快乐的事情。

安之老师，你太伟大了！

Chapter 04

地面店的一线员工怎么管？

在青春的岁月里，不要让"人生无悔"成为一句赌气的话。倘若你没有在最好的时候去坚持你热爱的事业，有一天，你真的会后悔。感恩安之老师，让我在最合适的时候觉醒，让我找到我人生的方向，让我没有成为"多数人"；感恩白总，让我在那个晚上走上舞台，从此，我可以在任何时候说，我的青春曾是一朵永不凋谢的花，它曾勇敢地绽放，曾如此激烈地打开自己。

也许是我太过激动了，年会过后，我就感冒了。那天，我正在医院打吊针，店长打电话给我，他说："朋虎，现在有个机会给你，你要不要？"

"要！"我想都没想就答道。

"你知道去什么地方吗？你就说要！"他问。

"什么地方都可以，只要是机会！"我实话实说。对那个时候的我来说，只要是机会，恐怕"刀山火海"我也敢去闯一闯。

"淮南，你愿意去吗？"他接着问。

"愿意！"我语气坚决地答道。

"好，那你就准备一下，去淮南！"他听我如此肯定，不再跟我绕弯子。

"什么时候去？"我有些按捺不住，既然要去，晚一刻不如早一刻。

"当然是越快越好！"他笑着答道。

我挂完电话，对医生说："不要挂水了，请帮我拔掉！"

出了诊所大门，我就去车站买了张最早去淮南的车票。到迪信通淮南店的时候，他们还没下班。我如此急切，因为我知道，既然说出了"五年之内成为百万富翁"的目标，就不能让它成为一句空话，让它成为笑柄。至于到底去淮南做什么，我根本没有想过，只是我的直觉告诉我，这是我的机会，这一定是我的机会。

事实上，就在年会那天，我的那场关于"百万富翁"的演讲吸引了迪信通大区经理杨基虎的关注，他主动找到白总，要求把我调到他的麾下。当时，杨总负责蚌埠、巢湖、淮南三个大区，淮南是个新开发的市场，他急需人才。

迪信通淮南店的面积大约有1000平方米，大约有40多个销售员，两个店长都是副店长。

第二天晨会上杨总向大家介绍道:"这是我特意从合肥总部'挖'过来的朱朋虎,经验丰富,可以说是真正的集大店之所长、小店之所短……"

显然,杨总在刻意"抬高"我,为我后面顺利开展工作做好铺垫,同时,在这个晨会上,他也确立了我作为淮南店副店长的职位,也就是说,淮南店从此有三个职位、权力平等的副店长。

我如愿以偿地得到了平台,接下来,到底是"马谡"还是"马超"就要看自己到底有没有真才实学了。我们三个副店长一起开会讨论了一下,最终达成一致,三人先不做明确分工,合作一段时间后,再看谁更适合管理哪一块。

身为副店长,我首先要做的就是管理,此前,我管理的最多也不超过 10 个人,现在一下子到了 40 多个人,过去的"传、帮、带"的方式肯定不再适用。正在犯难的时候,我又想起安之老师曾说:"一个人要成功就必须要读三本书:第一本是《孙子兵法》,研究雄才大略;第二本是《易经》,任何事物的发展规律都在这本书里;第三本是《论语》,这本书中讲了为人处世、安身立命之道。"

2006 年 2 月 19 日,我在淮南店第一次主持晨会,会后,我直接去新华书店买了一本《孙子兵法》,每天晚上,它成了我的必读书。我被书中的智慧深深地吸引着,每每不知不觉读到半夜 3 点,正如古人所说"三更灯火五更鸡",这种充实的感觉真的很美好。

《孙子兵法》曰："将者，智、信、仁、勇、严也。"如果不具备这五种能力，就无法成为一个将才，因此，我的目标非常明确，即按照这五种能力来要求自己。

其一，智，即智慧。每个人都有智慧，只不过有的人的智慧被隐藏起来，有的人不善于运用智慧，因为大多时候，那些没有经过训练的人习惯用"情绪"来解决问题，比如对某个做错了某件事情的下属表达不满，有的人会用责骂的方式，骂完之后你的情绪的确得到了宣泄，可效果会怎样呢？像《三国演义》中的"五虎常将"张飞，在其结拜兄弟关羽败走麦城被东吴斩首后，要下属在规定时间内打造白衣白甲，下属尽全力也无法按时交工，张飞随即对其使用鞭刑，最后的结局非常凄凉，张飞不仅没有能身着白衣白甲为关羽报仇雪恨，反而被下属暗杀于帐内，这就是"因其急而缺其智"的结果。相比之下，关羽"过五关、斩六将"，曹操不仅没有派兵追杀关羽，反而专门派大将张辽护送、放行，这就是智慧，后来，曹操败走华容道时遇见关羽，正是因为此，才得以逃脱。当然，在正史上，曹操虽然确实走了华容道，却并没有遇见关羽。

很多管理者并不是没有智慧，而是不懂得如何运用，我认为，主要有两个原因：一个是经验，对那些初入管理岗位的人来说，他们总是认为下属对自己应该是言听计从的，但是事实上却并非如此，真正有经验的管理者善于运用下属的才干，让他们主动去思考，去解决问题，而不是你来思考，你来解决问题；另一个是阅历，我相信很多创业者都曾面临用人的问题，尤其是刚刚创业的前三年，很多真正的人才都是在这个时候流失的，很多时候，他们并不是因为公司小、收入微薄离开，而是因为没有找到认同感和归属感。因此，在管理中，我认为"智"先是"用人之智"，再是"用己之智"。

其二，信，即信用。一个卓越的管理者，首先要立信于人，你说出的话必须要兑现。比如，在淮南店的实际管理中，我规定，今天店里某款手机的提成是100元／台，如果有人卖出去10台，即便总部最终定下来的提成是50元／台，我也要个人掏500元补给大家。当然，立信既要有赏，也要有罚。比如，我们晨会上定下来，今天的毛利要达到20000元，最后，只完成了15000元，那么，即便是晚上10点下班，全员都要留在店里接受培训，当然，我也会和大家在一起。培训的目的很简单，就是找出没有完成既定目标的原因并进行改良。

为什么有的管理者说的话在基层员工那里没有分量，就是因为当他制定的目标没有达成时，他没有追责，没有找到解决问题的方法。我们要搞清楚，培训的目的是什么？员工培训不仅仅是为了解决销售环节的某个问题，更是为了打造团队凝聚力。如果你在下属没有完成任务时选择了纵容，那么，你等于告诉对方，他可以再次犯错。你可以鼓励下属去试错，但绝对不能纵容他去犯错。

因此，身为管理者，你一定要在你第一次制定目标时，就要做到令行禁止，如果第一次失信于人，以后你付出十倍的代价也难以挽回。孔子的"己所不欲，勿施于人"讲的就是这个道理，我们制定的目标，对员工的每一个承诺，说的每一句话都必须说到做到。

其三，仁，即仁义。身为管理者，应该如何施行仁政呢？《孙子兵法》中将其解读为"爱兵如爱子"，其实，在唐朝，太宗李世民就已经给了我们最好的解读。史书记载，贞观二年，出现了蝗灾，有一天，李世民在外考察，随手捡起几只蝗虫，说道："天下百姓看粮食比看自己的生命还贵重，而你们却吃了百姓的粮食，如果你们现在还要吃的话，我宁愿让你们吃我的肠肺！"说罢，就举起手中的蝗虫要吞掉。身边的大臣们苦劝道："蝗虫不能吃，吃了会得病。"李世民却无畏地说："朕为百姓承受灾难，为什么要回避疾病呢？"于是，他吞掉蝗虫。这一年，蝗虫没有成为灾害。

当然，也有后人戏说，李世民吃的蝗虫其实并不是真蝗虫，而且事先安排好的"假蝗虫"，这个观点我不认同，大唐盛世绝非靠弄虚作假能造就的。

在实体店的经营中，"仁"的运用比历史上的那些明君贤臣们的"仁政"要简单得多，比如，当员工感冒生病的时候，大多数领导者会让他请假，但这还不够，如果你主动去药店给他买药，再亲自送他回家休息，这样的领导者是不是更能走进员工的内心？好的领导者应该以心换心，你当员工是员工，他便只做员工该做的事情；你当员工是朋友，他便做朋友做的事情；你当员工是家人，他便成为家庭中的一员。

其四，勇，即勇敢、果断。孙武在《地形篇》中说："视卒如婴儿，故可与之赴深溪；视卒如爱子，故可与之俱死。"前面我们讲到了，身为管理者要懂得"爱兵如爱子"，即仁治，那么，仁治之后，下属才愿意追随你奔赴危险的战场，和你同生共死。因此，我认为《孙子兵法》中的"智、信、仁、勇、严"是有其严谨的顺序的。

在实体店的经营中，作为店长，你首先要保护自己的员工，当他们遭到欺负或者不公平的待遇时，你要挺身而出。当年，淮南的社会治安比较差，一些地痞力量猖獗。就在我去淮南的一个星期后，店里就来了两个"混混"，还背着两把刀，显然，他们来店里并不是为了买手机。

其中一个对我们的女店员出言不逊，说："哟，小姑娘长得可以啊，来，给哥摸一下。"

他说着还动手动脚起来，我知道，身为店长，就算今天被人砍，我也要"上"。我走到前面，挡在女店员的前面，厉声说道："你们不能这样，立即住手！"

我还没说完，就有一把刀架在我的肩膀上，他斜着眼睛，皮笑肉不笑地问："你是谁呀？"

女店员怕我吃亏，赶紧说："这是我们店长！"

这个女店员原先是不搭理这两个"混混"的，现在她一开口说话，反而吸引了他们，那个拿刀架在我身上的"混混"抽回刀子，继续调戏女店员："哎哟，小姑娘的声音还蛮动听的嘛！"

这个时候，我们店里的保安也拿了橡胶棒（安保用品）过来了，我看这一场仗在所难免，如果不给他们些教训，这样的事情以后肯定还会发生。

"上！"我招呼了声。

男员工有的拿椅子，有的拿拖把，大家一拥而上。我们毕竟还是人多，这两个"混混"很快就被我们打退了。这是我第一次在店里面打架，我从小比较斯文，看起来也像个书生的样子，根本不会打架，但在大家的保护下，我倒也没吃什么大亏，就是腿不知道什么时候扭到了，有点瘸。

第二次，有一个"痞子"到我们店里买手机，和我们女店员一言不合就动手打人。我也算有了点打架的经验，二话不说就冲上去。我知道，如果我不冲在最前面，这个问题永远解决不了。

基于为自己设定的原则，我必须勇敢果断，虽然我也怕遭到"打击报复"，甚至被人用刀抵在身上，但我也只能硬着头皮上。只有这样，我才能团结大家，才能领导大家经营好这个店。

后来，别人来"砸店"的情况越来越少，当然，当地的治安状况也越来越好。现在，社会治安环境比十几年前要好得多，但作为店长，倘若你遇到这种情况，你必须要冲在最前面。

其五，严，即严明。治军不严，则一败涂地。我认为，在实体店的经营中，"严"有两层含义，第一层含义即经营者对自身、对员工的严格；第二层含义是相对于"严"的，即"严宽"结合。制度是死的，人是活的，没有制度的管理不能称为管理，但是用"死制度"来管理"活人"，最终必然会导致无法适应市场的变化。市场每天都在变化，作为店长首先要做的就是察觉变化，并找到解决方案，这才是实体店的核心竞争力。

当然，有些制度需要"雷打不动"，比如每天早上的晨会，即便到了今天，我已经离开迪信通这么多年，在我们怡秒的60多家店里，每天早上必须开晨会。不仅如此，我要求每家分店的晨会必须录音，会后要把录音文件发到我的邮箱，我一有时间就会听，一方面，在录音中找到问题，帮助他们解决问题；另一方面，在录音中寻找真正有价值的市场信息，实体店的市场永远在一线销售员那里，关键在于你是否真正听得到他们的声音，理解他们的声音。

多年来，我总结出一个经验，那就是晨会的效果直接决定了当天的销售额，所以，我每次听完某个店的晨会后，我基本能够判断它的业绩水平。晨会怎么开，需要注意什么，需要解决哪些问题，等等，这些在怡秒有一整套的解决方案。

除了晨会，有的时候，我们晚上还要做培训。如果当天的销售目标没有达成，那么，当天晚上就要全员培训。对一家实体店来说，店长有责任培训员工，而接受培训和学习是员工的责任，这就是一家店的基本制度，守住了这个底线，就是对管理制度的从严。

对内从严，对外也要用同样的标准。如果我们的店员在外被人欺负了，我们的原则是一定要斗争到底，决不让步。

有一次，我们的员工在发促销广告时，被竞争对手雇的"地痞"打了，他给我打电话，向我哭诉："我被打了……"

这种情况下，如果我们不从严应对，而是选择妥协，不仅意味着我们的员工连人身保障都无法得到，而且也代表了我们在当地连立足之地都没有。对方纠集了很多人，我们也不甘示弱，将整个安徽公司的男员工全部召集到淮南形成对峙。正是这样的硬作风，这件事情最终得到了妥善处理，被打员工的权益也得到了维护，后来，这种事情我们再也没有遇到过。

做实体店，危机有时候并不是真正的危机，而是解决问题的良机。几次事件之后，我们店的生意没有受到负面影响，反而在一线员工心目中，我的威信得到了真正的提升，我所做的一切，他们都看在眼里，因此，团队向心力非常强。

在我的日常工作中，《孙子兵法》中的思想处处影响着我，事实上，这本古书真的让我学到了在学校里没有学到的知识，让我立足于这个社会，帮助我成长，也让我这个对管理一窍不通的人可以管好几十名销售员，乃至后面管理60多家店。

Chapter 05

做 店

我常想，究竟怎样才能干好店长？每个从基层销售员做到店长的人都必须经过一道又一道门，既有有形的门，也有无形的门，关键在于你是否有勇气，去推开这一道道门。

迪信通淮南店大约是在我去之前的一年前开业，那也是我们在当地的第一家店，尽管已经开业一段时间了，但一直处于亏损状态，原因很简单，独木难成林，我们在当地的品牌影响力不够。做店就是这样的，知道你的人越多，生意就越好，越在开头的时候，就越难做。所以，在这里，我要做的第一件事情就是想尽一切办法扩大知名度。在那个年代，我们的方法简单、粗暴，就是地推，去人群集中的地方发DM，做促销，先把店里面的人流做起来。

这个世界上，你经历的所有事情都是上帝对你的刻意安排。我曾经有过一个短暂的创业经历，曾经很长一段时间，我都认为那次失败的创业不仅浪费了我的时间，而且显得有些"好笑"。但是，正是那次创业让我对商业海报设计有了一定的认知，我知道，一张好的广告单页不仅传递给潜在顾客一个产品购买信息，而且能直接帮助顾客决定购买，尤其在当时我们淮南迪信通那种面积超过1000平方米的卖场式旗舰店的情况下，人流量小，进店的人少，顾客即便是进店了，他们面对店内琳琅满目的产品也会有迷茫感——他们连购买的感觉都没找到，怎么可能会产生购买的欲望呢？这个时候，如果销售员直接上去推销某款手机，效果会适得其反，因为顾客根本不知道自己喜欢什么。这个时候，DM（直投广告）单就成为与顾客对话的一个桥梁。一张成功的DM，抵得上100个销售员，它能用一种"无声胜有声"的语言将顾客邀请进店。因此，我精心设计每一张DM单，事实上，我要求我们设计出来的DM、POP（卖点广告）等和淮南市场上所有的都不一样，实际上，是我对它的追求、定位与众不同。

为了寻找这种与众不同的创意，我将我能在网上找到的所有能吸引我的DM单设计图、POP设计图都下载到我的电脑里，一张一张地看，去探求设计灵感，当我们要做DM单的时候，这些灵感就像幻灯片一样，一张一张地浮现在我的脑海中。我最初的灵感就来源于此。

为了提升店面人流量，我制定的计划是每周做一次促销活动。因此周一我就开始构思，在A4纸上打草稿。首先，标题。我认为DM单最好的标题应该是以顾客为核心的，我们要搞清楚我们做促销的本质是什么，如果我们不能给顾客带来利益，顾客怎么可能来店里面呢？因此，要用最简单、直白的话，让顾客一秒钟内产生决策，相信自己真的"占了便宜"；其次，构图。请记住，图片永远比文字更能吸引顾客的眼球，比如说，购买某款手机赠送耳机，那么，到底赠送什么耳机，顾客没见过，因此，不如直接将耳机的图片放上去，让顾客能一目了然。正是按照这样的思路，我将DM单的草稿图画出来，再和设计部的同事一起做出来。在开始做之前，我将纸稿、设计意图以及要达到的效果等一一和设计师沟通好，在现场和设计师一起工作，直到最终方案达到我的预期。因此，有时候，我们会因为一张DM单的设计连续熬一个通宵。

当时，最成功的一张DM单上只有一张图和一句话，那句话是"全场购任款手机送512M内存卡"，那张图就是一张内存卡的图片，设计得非常精美，一下子就吸引了顾客的眼球。当天，大量顾客手里就是拿着那张DM单找到我们店的，而且大多数人都是第一次进店。当时，512M手机内存卡的价格很贵，如果顾客单买，市场零售价至少要两三百元。顾客自然是追求实惠，满足了他们的潜在心理需求,他们就会到店里来。

按照我的计划,我们每周都会做一次促销活动,为了给顾客带来持续性的新鲜感,每次促销活动的主题都不一样,连续几年下来,我对DM单的认识与理解更深了,只要看一眼,就知道效果好不好。因为每次做完促销活动,我都会做效果评估,时间长了,这种感觉与认知自然就了然于心了。

Chapter 06

我的"吸客大法"

除此之外,我的"吸客大法"还有一些博人眼球的"荤招"。即便在淮南那样的三线城市,有一些商家已经开始启用"宣传车"了,但我觉得这种方式并不适合我们手机卖场,如果要快速打响品牌战,就必须用更接地气、更吸引顾客的宣传途径,我对其的理解就是娱乐化、体验化。

顾客到我们迪信通,我们不仅让他们能买到称心的手机,还能享受到买手机的心理感受,说得更直白些,顾客不仅能买到心仪的手机,还能买到一份"好心情"。我认为,实体店的营销要从过去的"我们能为顾客做什么"变成"我们怎么做才能让顾客开心",这就是娱乐化和体验化的营销。打开门做生意,不管是大生意,还是小买卖,都要学会"没开口先要笑",这是千古以来"做店"的基本要求。道理很简单，只要我们让上门的顾客开口笑了，让他们满意了，肯定就能提起他们的购买欲。

为了让顾客开心，我将其分成以下三种途径：

一、进店门之前，让顾客开怀大笑

有一次，我找两个促销员，每个人肩膀上扛着一套古时候犯人的枷锁，戴着面具，披枷戴锁地站在我们店门口，或者被拉着去"游街"，在他们穿的衣服上印上我们的促销广告语，比如："因为没去迪信通，所以才有今天。"

十年前，很少有商家用这种方式来做促销，所以，"游街的犯人"一露面，马上就成为众人瞩目的焦点，不仅起到了"吸客"的作用，连当地媒体都来捧场报道，帮我们顺带着连品牌推广都做了，而且还是免费的。

小试牛刀之后，我们尝到了甜头。紧接着，我又策划了一个"抬花轿"的活动，当然，花轿上没有新娘，里面是空的，顶部放着我们的POP（卖点广告）：来迪信通抢新娘吧！在安徽，"抢新娘"是民俗，热情的安徽人喜欢用这个游戏来考验新郎的忠诚，并以此来祝愿新婚的夫妻百年好合。我们不断地用这种"接地气"的营销活动吸引顾客的眼球，成功地让顾客在进店之前开怀大笑。

二、把手机店变成顾客的"娱乐场所"

当我们用"抬花轿"、"游街犯"等方法将顾客"吸"进店内后，下一步怎么办呢？

我的方法是继续娱乐，不仅让顾客在"看"中"乐"，还要让顾客参与进来，与我们互动。

比如在世界杯期间，我设计了主题为"买手机，踢足球，中大奖"的活动，顾客从店里买完手机后就可以得到在现场踢足球的机会，球门是我们设计的一个小球门，顾客站在我们指定的位置正对球门踢球，有十次机会，如果踢进十球就可以获得一等奖，奖品是一部手机，绝大多数顾客都无法十球都中，但我们依次设置了二等奖、三等奖，中奖率还是比较高的，前来购买手机的顾客玩得不亦乐乎。

现在，我们看到商家策划出各种各样、层出不穷的促销方法，但在十年前，我们这个根据世界杯主题策划的活动在淮南市产生了爆炸性的影响力，店面除了人流量暴增之外，很多同行开始"复制"我们，我们的 DM 单、POP 设计成什么样，他们也设计成什么样，但是他们再怎么模仿、复制，也是跟在我们后面追，等到他们复制完了，发到市场上，我们新的方案已经落地了。

实际上，我也是个喜欢复制的人，我的创意大多来源于一些设计大师，但是我的复制是建立在我对这些大师的作品深度理解的基础上，结合我们自己的实际情况重新设计，准确地说，我只是借鉴了大师们成功的思想，然而，我的同行们只是单纯地复制。因此，如果我们看到好的东西，一定要去学习，而不是纯粹地复制。

安之老师曾说，最简单的成功方法就是复制成功。当你决定去做这件事情的时候，你先看谁做到了，找到他，让他告诉你怎么做，这样最简单，你不要去想，想太多只是浪费时间,我们只需要找到别人的成功经验,我们复制就可以了,最简单的成功方法就是复制成功。

实际上,大多数人复制的并不是成功,他们只看到了别人的成功,却没有深入地思考别人究竟是如何成功的,通过怎样的途径,甚至走过多少弯路。复制成功,一定要建立在对其深刻理解的基础上。

三、让顾客惊喜

在实体店的经营中,我的经验告诉我,一次成功的营销方法只能用一次。比如,我曾经策划过的"购机赠送 512M 内存卡"的活动获得巨大的成功之后,不久,我想借力再延续这个活动,打出"购机赠送 1G 内存卡"的宣传,结果却鲜有人问津。这次失败的营销之后,我进行了深度的反思,我连续问了自己三个问题:我们营销的目的是什么?怎样让营销有黏性?顾客到底要什么?

销售的根本目的就是为了将产品卖给顾客,营销的目的在于抓住顾客的心,营销就像和顾客谈恋爱,你需要以心换心,你的心一定是一颗真心——真正爱顾客的心,这场恋爱才会开花结果。那么,让营销有黏性的方法就是你的一切都以顾客为中心,不能敷衍,不能自我,你给女朋友送礼物,不能在情人节和过生日都送同样的礼物,这是"购机赠 1G 内存卡"方案失败的根本原因。最后,顾客到底要什么?实际上,如果你将顾客当作你的爱人,这个问题就迎刃而解了!你的爱人需要你的钱吗？需要你的礼物吗？需要你的关爱吗？当然需要。但是相比之下，他们更需要"惊喜"。试问，当你给你的爱人惊喜时，她的表现是怎样的？当你的爱人每次和你在一起，你都能给她惊喜时，她还会不愿意跟你过一辈子吗？最后，一切都顺理成章，你的爱人成为你的贤内助，她做饭给你吃，为你生孩子，帮你照顾父母，这就叫不销而销，这就是营销的最高境界。

有一次，我们策划了一场活动，叫樱花之旅。那是3月份，正值樱花盛开的季节。这个活动的创意来源于调研，当我发现市场上的樱花洗发水、樱花护肤品等产品都非常畅销时，我认为，我们也可以借力，在"樱花"一词上做文章，这就是"樱花之旅"这个名字的由来。只要购买手机的顾客，都可以参与抽奖，都有机会获得我们赠出的"日本樱花之旅"的大奖。

顾客是上帝，这句话绝对不是口号，而是顾客在购物过程中获得的一种身份确认，通过这种对自我角色的肯定，同时享受到精神的满足，这就是感性消费。这个理论在十年前适用，在当下也适用，我认为，在未来的实体店的经营中，它依然是一种趋势，是我们研究以及践行的方向。

Chapter 07

逆向而行，专注目标顾客

实践比知识重要，在本书中，我希望跟大家交流的是我过去十余年中在手机零售领域的实操经验，而不是营销知识。什么是知识？哥德尔第一定律这样说："任何一个体系，它必然是内部和外部保持一致性才能有效运行。但是，任何一个内部逻辑一致的体系一定有它的边界，底下一定有一个大漏洞。如果过了边界，这套体系一定是失效的。"我们生活在一个已知的世界里，我们认为这个已知的世界就是全部。其实，如果打开边界，我们会发现，这个已知的世界只是其中微不足道的一点点，未知世界才是真正的世界。而打开这个边界的可能性就在于能够发现原有体系的漏洞。我认为，哥德尔第一定律就是知识。我们通过知识来认识我们已知的世界与未知的世界。任何事物都有它的边界，手机实体店的经营边界是什么呢？可能是互联网，或者是下一个高智能化的设备，是什么我们还不知道，然而它肯定是存在的，关键在于我们如何找到并实践。

十年前，我花尽心血，用了不少于300种方法来做淮南迪信通的市场，后来，我在一本书中看到哥德尔第一定律中的关于"边界"的论述，我突发奇想：当所有的手机零售店都在大众消费者中竞争时，我能不能逆向而行呢？

当所有的手机店都在做同样的促销活动时，你让大众消费者记住并参与你主推的主题活动是一件不容易的事情，比如当你走在一条步行街上，到处都是广告牌，一条街走下来，那么多信息，你能记住几条呢？按照传统的营销理论，能让人迅速记住并能迅速传播的事情有两种：一种是社会热点事件，比如2008年北京奥运会、足球世界杯、美国总统大选，等等；一种是娱乐事件，比如2009年迈克尔·杰克逊去世、王菲与李亚鹏离婚、郭美美被抓，等等。这两种属性的事件不仅能迅速被记住，而且能被广泛传播，无论你的卖点广告是"超长待机"，还是"超薄时尚"，这些对公众来说，都不容易被记住。那么，我们应该怎么突破这种传播的边界，让潜在顾客记住并主动传播呢？

任何信息的传递最简单的特征是主动传播和被动传播，当我们都在研究被动传播，在做硬广告、硬推广时，如何让顾客主动传播呢？当时，我想到了锁定目标群体进行精准营销的方式。因为，精准目标群体让我们的资源更集中，这样我就可以用最有效、最省钱的方法创造可以被传播的内容。在主动传播中，最好的方式就是创造可以被传播的内容，让潜在顾客自发去口口相传，那么，怎样的内容才具备这样的属性呢？

我认为至少具备以下三条：一、时效性；二、故事性；三、真实性。当满足这三条的内容在一个特殊群体之间主动传播、发酵，真真实实引爆潜在顾客的消费冲动是非常重要的。当时，是没有微信、微博等社交化传播工具的，要做到这一点，我们需要采取更落地的方式。

综合多种因素，最终我们选择针对教师这个特殊群体做一个实验性的精准目标顾客营销。活动主题只有一句话：教师节当天教师凭教师证在迪信通购买任意一款手机减免150元。

在教师节的前一天，我们找了很多在校生临时兼职，让他们把我们的DM单带到整个淮南市的各个学校里，不仅如此，我提出的要求是必须送到老师的办公桌上。实际上，同一所学校中，只要有少数的几个老师知道这个优惠活动，他们就会分享给其他老师，这样，一传十、十传百，几乎所有学校的老师都知道我们在教师节当天有这样的优惠活动。

在活动当天，我们总共卖出去了77台手机，当天的毛利润达到3万元，在那个时候，这个业绩是相当喜人的，甚至出乎我自己的预料。

活动当天，我正在迪信通合肥总部开会，市场部一个电话打过来说："淮南店今天的业绩是全省第一名，卖了77台手机。"

白总一看，这个业绩居然超过了合肥总店，他当时就鼓掌，说道："太牛了！总店都干掉了！"

超过合肥总店是什么概念？当时整个安徽省所有迪信通的店面每天都有业绩评比，一年365天，有364天都是合肥总店夺冠，只有那年9月10日那一天被原本就不强的淮南店夺冠。

一场成功的营销活动不仅能带来一次骄人的业绩，聚集大量的人流，在一个区域性市场对其品牌影响力也有极大的提升。

Chapter 08

打造狼性团队

我在淮南市场一干就是四年,从一开始的一家店到四家店,这当然不是我一个人的功劳,而是当时淮南市场所有迪信通人共同奋斗的成果。我感恩淮南,感恩迪信通的兄弟姐妹们,因为你们成全了我,成就了我;因为你们理解我,包容我;因为你们,让我坚信手机零售行业一定会有更美好的明天;因为你们,我选择将我做店十余年的经验毫无保留地分享给天下所有开店的人。

我刚刚去淮南店时,它依然处于亏损状态,大家每天都很辛苦,都在努力,但却没有明确的目标。销售是一个吃"百家饭"的工作,什么样的人、什么样的事情都可能遇见,那个时候,大家一遇见不顺的事情,就会变得消极。因此,我在淮南店做的第一件事情就是让每一个人制定自己的目标，并且将我自己每天进步1%的目标分享出来。

我说："我曾经和你们一样，没有目标，每天下班了就躲在家里看周星驰的电影，后来，安之老师教会我，一个人如果没有目标就等于一具行尸走肉。于是，我像安之老师一样，为自己设定了每天进步1%的目标，并且将我的目标打印出来，贴在最醒目的地方，前两天，我的业绩每天都进步了10%，第三天，我成为店里的销售冠军。我希望大家都和我一样，我们一起互相监督，每天进步1%！"

开始的时候，有些人认为我的做法是哗众取宠，私下议论纷纷，有的人干脆直接拒绝执行，但是，当他们发现我是真心真意地帮助大家，在最关键的时候挺身而出保护大家时，他们开始逐渐信任我；当他们发现每天为自己设定目标并严格执行，真的获得了意想不到的进步时，他们终于知道：为自己设定目标，没有任何借口。

管理学专家余世维老师有一个"职业经理人常犯的11种错误"的课程，他说："中国职业经理人最容易犯的错误是拒绝承担个人责任，这和中国的家庭教育有关，比如小孩不小心碰到桌子上了，小孩会哭，母亲就会把孩子抱起来，说宝宝你不要哭了，一边哄着宝宝，一边用手打桌子，这事实上就是在告诉孩子，你撞到桌子上，是桌子的问题，和你没有关系。"

在我们很小的时候，父母就教我们转移责任，因此，当我们遇到失败的时候，直觉传递给我们的第一信息就是这不是我的责任,让我们去找借口。因此,下属犯错不可怕,可怕的是不认错,不承担责任。

那么,应该怎样帮助下属改掉这个恶习呢?余世维老师说:"不要说'我以为',因为'我以为'就是在找借口,要说'这是我的错'!"

我将余世维老师说的道理讲给大家听,让大家意识到问题的重要性,在日常工作中,我禁止下属说"我以为",遇到事情先说"这是我的错"。对于大部分人,我都能够促使他们改善自己的言行,而对于个别屡教不改的人,我会选择辞退他们。为了做到令行禁止,我给每个人都发了一张员工离职表,以此来警示大家。

一线员工管理需要我们从最基本的层面出发,解决实际问题,我将其定义为"管理无小事",这些一线员工在你给他们目标之前,不一定知道自己真正想要的是什么,但当你将这些描述清楚时,你会发现,他们的创造力比你想象的丰富。

当然,与淮南店另外两位副店长的合作也是我非常重要的工作经验。开始的时候,他们并不支持我的很多做法,这也是人之常情,因为在我来之前,淮南店是亏损的,我要解决这些问题就要实行改革,改革就意味着否定他们之前的工作。因此,那个时候,我和他们在大多时候是一种博弈。

每天晚上,我们都会开会讨论店内具体的事务,冲突是必然的,但我们的目标一致,就是提升销售额,如果他们没有更好的方法实现这个目标,最终就不得不按照我的方案来执行。逐渐地,我们的分工也就明确下来:他们一人负责销售,一人负责客户服务,我主抓营销。显然,我身上的担子更重,但是分工明确之后,我也就拥有了足够的权力去实行我的营销策略。

店内的销售业绩越来越好,而且,我敢想敢做、言出必行,让一线员工越来越信任我,他们更愿意与我沟通工作的细节,不知不觉,其他两个副店长就被边缘化了。几个月后,他们主动辞职,而我,就成为名副其实的淮南店负责人。我知道,实体店的市场在一线,因此,我实行的是扁平化管理,让管理层直接面对一线销售员。

淮南迪信通四年时间开了四家店,实际上,我早就有意识地培训储备店长,那些有潜力的一线销售员是我的重点培养对象,因为在我心里,一个好店长首先一定是一个顶尖的一线销售高手,换句话说,成为店长的必要条件之一就是成为销售冠军。其次,作为一个店长,必须要有一定的胸怀与格局,懂得服务别人,而不是一切只为自己。我记得在我刚刚去淮南的第一年,我是一名标准的"月光族",并不是我的工资低,而是我的钱大多都用来请大家吃饭了。

我认为,一名出色的员工不仅是"带"出来的,更是激励出来的。激励并不是当面表扬,那样的效果并不好,我的方法有两种:一种是心理暗示,比如,他们有了一定的成绩或表现突出时,我会做出一些鼓励性的动作,比如伸出大拇指,给一个肯定的眼神或拍一拍他们的肩膀,当然,异性的肩膀还是不要去拍;另一种是通过第二个人让他知道，我很欣赏他。比如我要激励某个人时，我不会自己去找他谈话，而是故意在与另一个人的谈话中提起他、夸赞他，并且一定要让他知道。我经过了多次的实验，都获得了成功，那些听到我私下对他们这样评价的员工会感到自己获得了巨大的支持和鼓励。

为什么会这样呢？因为我发现很多员工对自己是不够自信的。当你当着他们的面夸奖他们时，他们会认为我是在敷衍他们，而当我私下和别人说的话传到他们的耳朵时，他们就会认为我的话是真话，他们就会受到巨大的鼓舞。

每一个人都需要激励，没有受到激励的人是成功不了的，因为他随时都可能泄气。事实上，我之前也是一个不自信的人。后来，受到安之老师的激励，才懂得为自己去争取，才有机会当店长，直到后来自己创业。激励，在我的人生道路上十分重要。

安之老师说："人与人之间的差别几乎为零，那么，人与人细微的差别到底在哪里？在于每个人的想法，你怎么控制你的想法？用潜意识，你怎么运用潜意识？重复地激励自己，不停地对自己说，我是最棒的！"

这个板块的内容，让你有什么感悟？

_____

_____

_____

_____

_____

_____

_____

_____

Part 3

因为贫穷 所以创业

我的创业并非踌躇满志

二十个户口本，我的起点

第一家店应该怎样选址？

用"控价"打赢"价格战"

选人贵在"两情相悦"

因为"不忍"，所以强大

Chapter 01

我的创业并非踌躇满志

工作的本质是什么？是快乐！可悲的是很多人直到失业后才明白这个道理。失去工作等于失去快乐，但是，首先你必须热爱你的工作，只有你真正爱它，它才会给你回报。贫穷或富有、挫折或顺风顺水、卑微或高贵，等等，一切都是人生必不可少的经历。在我初入手机零售行业的前几年，我时常听人说，一个人想要爬到高峰需要付出很多，甚至需要牺牲很多，然而岁月流逝，如今，我在这个行业已经摸爬滚打了十余年，我开始了解到很多正爬上高峰的人，并不是在牺牲，他们愿意付出一切是因为他们真正热爱自己的工作。任何一个领域中专注于攀登的人无不全身心地投入自己的事业，而这些全神贯注的人，如果他们不成功，老天都不答应。

我曾经把我的工作当作我的信念，怀着这个信念，我和我的伙伴们在淮南市场耕耘了四年，这里曾经是一片荒原，如今，已经成为丰收的沃土。如果不是因为一场突如其来的变故，也许，我会一直在迪信通，和我的伙伴们继续开疆辟土。

2010年，我已经在合肥市买了房子，母亲将年迈的外婆接到家里来，一是享一享福，二是带她去医院检查身体。外婆身体不好，在我的印象里，她总是夏热冬冷，这里疼完那里疼，经常整夜无法安眠。这种身体所承受的几乎无处不在的痛苦让原本已经苍老的她更加佝偻，远远地看过去，像山头上的一块生满苔藓的石头，经过了多年的风吹雨打，这里破了一块，那里也破了一块。生命就是如此，每个人都有衰老的一天。生命是一个过程，只是我真的难以体会外婆是如何熬过这无数个疼痛的夜晚的。

医院的检查单出来了，腰椎间盘突出、腰肌劳损，经年累月的农活儿彻底伤害了她的骨头，医生说，她腰间的骨头已经开始发黑，如果不做手术，可能会彻底瘫掉。可是，面对高昂的手术费，外婆选择放弃治疗。她安慰母亲说，黄土已经埋到胸口了，这么多年的老毛病，疼也疼习惯了，凑合着没准儿还能多活几年。第二天，她就回老家了。

我在淮南工作，母亲打电话给我，她说："你外婆拖着病回去了，过年的时候四个舅舅都回来，一家人商议一下，看到底怎么办。"

事实上，之所以要商议一下，只有一个原因：穷！四个舅舅都很穷，他们掏不出外婆的手术费，看不起这个病，这个道理外婆明白，她选择回老家，就是不想拖累她的孩子们。想到这里，我的心像坠了一个秤砣一样沉重，难道就是因为贫穷，一个吃了一辈子苦、养育了这么多子女的老人，现在连选择站着安度晚年的权利都要舍弃吗？

"外婆的病，有钱没钱都要治！四个舅舅加上你，一共五份，你那份我出。如果他们没钱，这个钱我全部出！"我说。

可能是我的语气有些重，母亲在电话那头哭了，但是即便她哭了，我依然能感受到她内心的喜悦，因为我给她吃了颗"定心丸"。

母亲在我们打完电话的第二天就把外婆接回合肥，我马上就给她找了家医院，还专门托了在合肥的同事去请了位专家医生。

手术那天，我和四个舅舅都去了医院，大家多少有些紧张，外婆已经上了手术台，还有人忍不住念叨："万一术后真的瘫了，怎么办？"

"真的瘫了，我负责！"我答道。其实，任何手术都有风险，但是只要有治愈的机会，就不能放弃。任何一个家庭，遇到这种事情必须有一个"顶梁柱"。

我的四个舅舅并非不孝，他们不是不想掏钱给外婆治病，我记得有一个舅舅在外面找人借了两万元回来。其余的钱，他们后来也都还给了我。

人在穷的时候，说出的话是不响的。难道不是吗？有了钱，你才能尽孝，才能为自己的父母做让他们快乐的事情，才能给他们安全感，而一贫如洗能给他们带来什么呢？

四个舅舅的年纪并不比我大多少，最小的舅舅仅仅比我大四岁而已，当时，他们的经济状况确实不好。

手术后的外婆在合肥休养，妈妈把她照看得很好，没多久，她就能下床走动，大概一个月后，她不仅完全康复，连多年的病根都除掉了。现在，她是整个村子里最快乐、最有福气的人。

在农村，老人们的要求并不高，他们对幸福的理解就是没病没灾，如果手里有点零花钱，就高兴得不得了。以前，逢年过节，我就给外婆两三千元，后来，条件允许了，我就给她五千、一万。农村的消费水平低，她根本花不了那么多钱，但作为晚辈，千万不能因为这个原因就不给长辈钱，我们的目的是为了让他们快乐，让他们打心眼里觉得再也不用愁吃愁穿。现在，村里人甚至给外婆起了个外号：富婆。

我家里所有的老人都是这样，我的奶奶改嫁之后，我对她比她的亲儿子、亲孙子对她都要好。我的想法很简单，我对她好，其他的晚辈就不会对她差。自古以来，我们对孝道都有一份敬畏。

一个人再富有，如果对家人没有爱，他也不会真正成功。刘一秒老师有句话说得很好，他说："你的爱有多大，你就有多成功。"他将爱分为八个层次，依次是爱自己、爱家庭、爱家族、爱团队、爱城市、爱国家、爱全人类、爱生灵万物。

有没有人只爱自己，只顾自己吃好、穿好，连自己的妻子、儿女都不管，对自己的父母、兄弟姐妹、亲戚、朋友的事情都采取"事不关己，高高挂起"的态度？这样的人肯定有，但是，他们一定不会成功。即便暂时赚了点钱，但一定做不大也守不住。

一个人的格局决定了他做事情的根基，根有多深，事情就能做多大。我想，这是刘一秒老师对"爱"的解读带给我的正知正见。

在迪信通，我的努力让我能照顾到我的父母、妻子，但是，我却照顾不到我的舅舅们以及更多的亲人，照顾不到我的同乡们，照顾不到那一贫如洗却哺育我的村子……

我能改变自己的命运，为什么不能改变他们的命运，让他们跟我一起去努力，让整个家族兴旺起来，让整个村里的人都有一个好前途，过上好日子。

我爱我的妻子、孩子，我爱我的父母，我爱我的家族的每一个成员，我爱我的同乡们，我爱生我养我的村子，我生于那块土地，长在他们中间，我不想让我的母亲像我的外婆一样，养大了自己的孩子，再去带孙子，好不容易把孙子带大了，最终自己却落了个"连看病的钱都没有"的结果。

那么，我到底是谁？我活着的意义到底是什么？此前，这些问题我从来没有认真思考过，直到外婆手术这件事情发生后，我才明白，我到底要成为一个怎样的人。

贫穷是一种可怕的病，它潜伏在心里，不断地瓦解你，让你以为，既然大家都在受穷，都能继续穷着过下去，我也能这样。显然，如果你不想改变，贫穷只会蒙住你的双眼。

一个家族中，不管是有100口人，还是1000口人，只要有一个人站出来，担当起改变整个家族命运的使命，那么这个家族就会越来越兴旺。我要成为这样的人，在我的家族中，如果我不站出来，还有谁能站出来呢？事实上，我们创业也是同样的道理，在一个团队中，作为创始人你不站出来承担这份责任，创业能成功吗？

外婆为什么落下了几十年的病根？事实上，我的外公就是因为贫穷这两个字选择用自杀的方式离开这个世界。以前，我根本不理解，但当我设身处地去想一想，如果我是他，我也会选择用同样的方式离开这个世界。

人生最大的绝望，就是本来已经黯淡无光，还要目睹自己的枝叶枯萎，毫无希望可言。我读书的时候，舅舅们就在外打工，我都干区域经理了，他们还在打工，一年一年打工，一年一年没钱，始终在贫困线上挣扎，子女们上小学四年级了，连乘法口诀都背不好，如果我们不想着去改变，我们的下一代是不是还要堕入这种轮回的贫穷中？

超越梦想

　　种种现实的境遇告诉我，如果要改变家族的命运，我的路只有一条：创业。只有创业才有机会带领大家一起改变贫穷的命运！是的，和很多创业者不一样，我在创业一开始并非就有雄心壮志，仅仅是为了改变贫穷，为了自己，更是为了我的亲人们。

Chapter 02

二十个户口本，我的起点

不要让你的梦想破碎，因为除了梦想，还有什么能支撑我们一路拼搏？不论多么艰难，有多少苦难，每当我想起那些早已如烟的往事，我就告诉自己：我必须超越眼前的自己，必须忘记那个曾经躲在几尺的草垛里的自己，必须迈步向前，以一种从容不迫的姿势，必须超越梦想，为了改变我的家族贫穷的命运，因此，我无路可退。

我曾有过一次失败的创业经历，尽管那次创业显得有些书生意气，然而，这一次，我只能成功，因此，我只能选择自己最熟悉的手机零售行业，我知道，陌生的路我不能再走，只能先求生存，再求突破。仗要一场一场地打，饭要一口一口地吃。

超越梦想

创业的想法并没有仅仅停留在我的思维层面上，我知道，要干，首先就要有人，一个好汉三个帮，然而，我绝不能从迪信通"挖人"。

三舅夫妻俩是最早全力支持我的人，他们明白，我的出发点并不是仅仅为了自己，而且，只有创业才能真正让这个家族脱离贫穷，因此，他们完全信任我，是我最早的合伙人。

团队有了，资金怎么办？要开店，房租、装修、进货至少要50万元，这笔钱谁也拿不出来，这个时候，我想到了我的干爹，也许，他能帮我。

我们老家有个风俗，家里的独生子一定要认"干爹"。先前，我的干爹得了直肠癌，医生、床位等都是我帮着操办的，虽然是干爹，但是，我对他的感情像亲爹一样，他一直都很支持我。干爹的儿子，也就是我的五哥，在农村信用社工作，当时，国家为了支持农民创业出台了一个农民信贷政策：农户凭借户口本可以向当地农村信用社贷款2万元。

我回老家找到干爹，我对他说："干爹，我要单干，需要资金，一个户口本可以贷款2万元，得让五哥帮我办一下！"

干爹想都没想，拍着我的肩膀说："没问题，搞！"

一切都水到渠成，仿佛只要我想要得到，就能得到。只要你想去主宰自己的梦想，你的生命中就会出现贵人。

在干爹的支持下，我和三舅分别向亲戚、邻居、乡里乡亲借户口本，几天之后，我们一共借到了20个户口本，五哥想办法用这20个户口本分批次共批了40万元贷款给我，这就是我的第一笔创业资金。那个时候，我在合肥已经买了一套住宅房和一套门面房。

夜深人静的时候，我问妻子："如果真的失败了，我们就卖了现在住的房子，出去租房子住，可以吗？"

她点了点头，紧紧地抱着我。

钱，可以还得清，但20份人情债，又怎么还得清呢？我知道，这一次我真的无路可退。

我当老板，三舅当店长，实际上，我们谁也不知道结局会是什么样。未来是怎样的，甚至连工资是多少钱，三舅都没有问，我也没有具体的方案，我们之间仿佛从开始就有这种心灵的默契。现在回头再去看，他在无法保证回报的情况下，把所有的时间和精力都投到由我主宰的事情中，这种信任实在难能可贵，非至亲之人根本做不到。

正是基于这种信任，我不能让他承担任何责任和风险，因此，这40万元的贷款由我来承担，当然，这也是我这个"操盘手"应该承担的责任。

我感到庆幸，在创业的最初，不仅有亲人的鼎力相助，还能从周围的人身上获得曾经失败的经验教训以及类似的感知。

看看周围的人，今年做这一行，明年做那一行，后年又转行，每一年做的都不一样，每一年都赚不到钱。我的父亲，开过油坊，做过蛋糕，卖过早点，炸过油条，做过裁缝，还种过甘蔗、西瓜等，但没有一件事是成功的。有人甚至这样评价他：这山盼着那山高，一山不如一山。我告诉自己，绝对不能走父亲走过的路。

人生中的每段经历，不管是自己的，还是身边的人的，都应该回顾总结一下。失败的经历，更应该回顾一下，究竟是哪里出了问题。当我准备创业的时候，我已然形成了一种固有的信念：做一行，就好好地做，不取得成功绝对不收兵。

与很多在外闯荡的年轻人一样，我也是只报喜不报忧。我喜欢和母亲沟通，但是不论做怎样的决定，遇到什么事情，我不会告诉她到底有多糟糕，只会告诉她，我有多成功！我想，这和我的成长经历有关，12岁以前，我的父母在外面打工，我虽然孤独，但却养成了独立的性格。

当我将创业的想法告诉母亲时，她既惊喜又担心，因为我的父亲已经失败了太多次，在她的内心深处，必然隐藏着一些恐惧。我对她说，我必须要走一条完全不同的路，只有这样，家人的命运才能改变。除了创业，还有其他的选择可以帮助整个家族走出贫困吗？或许有，但我实在想不出来。

2010年9月，我将辞职报告递交给我的领导杨基虎，对于创业的规划却只字未提，不是不想说，是实在说不出口。我想，如果去开饭店或者别的什么，我也许会说，然而我开的是手机店。况且，我也不想因为我的创业影响到淮南迪信通团队的稳定。10月8日，我正式离开迪信通，我知道，接下来才是人生中真正的挑战。

Chapter 03

第一家店应该怎样选址？

如果你已经奋斗了很多年，然而你依然没有改变你的命运，那就改变它。改变命运比任何事情都激动人心，因为这是我们来到这个世界的意义所在。这个世界上，有各种有生命的东西生活、繁殖，但是只有人类懂得改变自己的命运。一个人只有拥有梦想并懂得为梦想去奋斗时，他才是一个真正的人，才真正拥有自己的人生。

实现梦想，需要仰望星空，更需要脚踏实地。在我决定创业时，我最初的动力和目标就是改变一家人的命运，说得更直白些，就是靠自己在手机零售行业多年的经验开一家能赚钱的手机店，在资金有限的情况下，我只能选取稳扎稳打的打法。

我知道，如果我将第一家店开在合肥这样的省会城市，也许，成功的时间会缩短，但创业失败的概率会剧增。高昂的房租、用人成本以及强大的竞争对手可能让我们的 40 万元顶不了几个月，因此，我必须选择一个利基市场。

在迪信通任淮南区域经理的时候，我不仅关注淮南市场，同时也关注迪信通在整个安徽省的经营情况，当时，巢湖的市场引起了我的关注。巢湖市在合肥南部，虽然是一个地级市（2011 年 9 月，巢湖市由地级市降级为县级市），其下属的经济强县庐江县离合肥距离近，其下属的含山、和县离马鞍山市距离近，其下属的无为县离芜湖距离近，而合肥、马鞍山、芜湖等均是安徽省的经济核心地区，巢湖市就像被包围起来的"瓮"。从区域经济发展上来讲，这对巢湖并不是一件好事情，钱一定是往人多的地方流动的，老百姓的消费全部被周边发达的城市吸引过去了，因此，在安徽省所有的地级市中，巢湖的整体经济发展一直处于落后的位置，在很多成熟的零售企业看来，这个地方并非兵家必争之地，因此，这个区域的竞争不太激烈，成本相对低廉。

然而，在我看来，巢湖是最有可能将第一家店做出来、打出第一炮的地区，因为我的打法不是迪信通、国美、苏宁等这些大店当时的主流模式，更不是电信局、地方店的模式，在手机零售领域，我要走一条新路出来，要开垦一块试验田，显然，这是最好的地方。巢湖毕竟是地级市，本土市民具备一定的购买力，其次，这个市场的消费潜力并没有被发掘，商业模式也很落后。

我的资金有限，因此要用最短的时间把店开出来。正巧，巢湖市人民路的步行街刚刚竣工，有很多空铺面，这样一来，我可以选择的地方就多了。

大多时候，一想到商业街、步行街，直觉传递给我们的感觉就是人流如织，在这个地方开店成功的可能性必然是最大的，甚至有人总结出一句开店的顺口溜：拍拍脑门，拍拍胸口，拍拍大腿，拍拍屁股！

很多人开店都是"拍拍脑门"就决定的，他们只看到别人赚钱，认为凭借自己的能力肯定亏不了，倘若周围有人泼冷水时，他们又会"拍拍胸口"来做保证，比如像步行街这样的顶级商圈，怎么可能开不起来店呢？店开起来了，但生意终归是生意，消费者不会因为你满腔热血就会进店消费，如果你真正理解消费者，理解用户，理解这个市场，你就会发现，他们既是最感性的人，也是最理性的人。随着一腔热血逐渐冷却，开店的激情逐渐磨灭，只能"拍拍大腿"，不得不面对现实的清冷。最终，无法承受累月的亏损，雨天背稻草越背越重，直到无法承受巨额亏损时，只能"拍拍屁股"走人了。

开店是一门哲学，书本上的理论、经济学者的话在这里并不完全有效。开店凭的不是"拍脑门"，而是"直觉"，我选址的经验就在于我自己都说不清来源的"直觉"，当我站在一个新址前，它会和我对话，它会悄悄对我说，这个位置行还是不行。寻找最好的位置就像寻找自己生命的另一半一样，虽然不容易，但只要找到了就不要轻易放弃。店应该开在哪里，你最终决定在哪里，在哪条街，这些需要自己出去"扫街"，去和每一个位置"对话"。

选址就是选商圈，大多情况下，在一个步行街的商圈中，我们选址遵循以下三个规则：

一、在一个成熟的商圈中，一定有一个人流的聚焦点，我们称之为"中心"。这个位置是商家必争之地，但要拿到这个位置是很难的，不仅租金高昂，还需要具备一定的资源。

二、选择步行街的入口处。这个位置的人流量虽然没有"中心"大，但它却是人流必经之地。无论在哪个商圈选址，都要具体分析顾客的行走路线，根据顾客的行走路线来确定开店的位置，最大限度地为顾客进店创造便利。

三、如果在一条街上选址，就遵循"金角、银边、铜条"三原则。"金角"是指两条街道交叉的"点"，这个地方能吸收两条街道的客源，但前提是步行街，如果是快速路的交叉口，效果就适得其反了；"银边"指的是一条街的街边店，也能吸收一条街的客源；"铜条"就在"银边"的旁边位置。

如果"金角"、"银边"、"铜条"都不行，怎么办？那么，最好就要选在商场的入口处或者正对门的位置，我称这个位置为"小蜜傍大款"。实际上，我的第一家店就开在这样的位置。

为了避开迪信通，我将第一家店开在了巢湖排名第二的商圈商之都，我的店址既不在"中心"，也不在"金角"、"银边"、"铜条"，因为那些位置的租金对我来说太高了。我们的店斜对面是一个超市，正对面是苏宁电器，不远处就是商之都，实际上，不论是商之都、超市，还是苏宁电器，都为我带来了稳定的客流量。

选择这个店址时，完全靠我的直觉。当我第一次站在这个店前，它就对我说，这个位置肯定能"赢"！事实证明我的直觉是准确的。直觉并不代表完全感性地做决策，有的时候，人的直觉比理性的判断更为精准、敏捷，在我看来，一个人的直觉正是在理性之上，只是，它是跳跃性的。

即便直觉告诉我，这个位置能赢，但是，我依然做了一些理性的分析来支撑我的决策。顾客不论是从苏宁电器、超市进出，还是从商之都进出，都能看到我的店面。即便我的店客流量并不大，但生意却非常好，房租低廉，产出反而比较大。道理很简单，人们来逛街，要么去商之都，要么去超市或苏宁，他们不会来我的手机专卖店，然而，当他们进了我的专卖店，购买的概率就会特别大，这就是"小蜜傍大款"的秘密。

既然已经谈到选址，在这里，我们就多分享、探讨一些案例。除了前面的几个选址原则之外，另外还有一些位置，它们不在商业的中心地带，但产出却很可观，比如社区店、路边店等。

社区店不会像商业街的店面说爆就爆，而是不温不火，业绩慢慢提升，一般在开业三个月后开始稳定。社区店的经营并不复杂，只要产品是正品行货，价格公道并且售后有保障，客户就会慢慢积聚，更重要的是社区店没有直接竞争者，只要你耐心经营，量变就会引起质变。

相比之下，社区店的风险系数是最小的。当然，如果你想快速回报，无法承受这种"静观其变"的过程，这种"前紧后松"的社区店肯定不适合投入。我最初投入社区店时，其实把握也不大，因为当时业内还没有人这样做过，我的想法很简单，不论顾客在哪里消费，他们总会回家，那么，我就在家门口等他们。然而，社区店的客流量毕竟有限，因此，关键在于潜在顾客的质量。在开社区店的时候，我首选购买力比较强的社区，通过商业地带的房价来判断潜在客户的购买力，在这个基础上，再根据大商圈选址。

这几年，合肥市滨湖新区规划和发展得都很好，房价也随之大涨，消费群体年轻化而且购买力比较强，因此，我决定在这个地方尝试开路边店。店址在四岔路口的"银边"，正对面是居然之家，隔壁是滨湖区最大的工商银行，在同一条街道上，还有一些饭店。这样，无论是购物、家装还是去银行办理业务的人，都是我们的潜在顾客。

路边店、社区店的经营成本比商圈店、步行街店要低，但只要经营稳定之后，盈利能力都比较高。当然，我们开社区店、路边店能成功的另外一个关键因素在于我们怡秒已经有60多家连锁店，这就是品牌的价值所在。

开店选址有些类似房地产销售的工作，不仅需要对当下的情况做分析，还要对未来进行预判，当然，我也不是"每战必胜"，你在本书中看到的很多经验都是我用"吃过的亏"换来的。

店址重要，店型同样重要。两个占地面积一样的店面，内部的装修、陈设也基本一致，唯一不同的是店面的宽度不一样，那么，它们的经营结果就大相径庭。店面不够宽，门脸不够敞亮，"财神"就进不了门，我们曾经有一些店就犯了这个错误，几经挫折，后来干脆就放弃了。根据我的经验，一个品牌店的门面宽度一般不小于5米，当然，略有些差距也是可以的，不必太较真。

我们经常会看到一些店面，位置很好，房租也便宜，但即便开业了，生意也没有什么起色。实际上，不论是什么店，业绩是根本。俗话说，门脸门脸，门就是脸，不能太窄，越宽越好。

以前在迪信通做店长，我的目标就是提高业绩，现在自己创业，才知道开店真的是一门学问。做店，首先是一个"有头有脸"的生意，首先要给人留下好的第一印象，我们做一个醒目的门头，为的就是让别人很远就能清清楚楚地看到，如果有树或者其他东西挡住了门头，店面位置再好也不行，这些细节一定要注意。此外，店内不要有太多的柱子，店里面的层高最好高一点，矮了太压抑，我们要尽一切可能给客户带来最舒适的购物体验。

不同的城市，选址肯定不同。像合肥这样的省会城市，步行街的租金比较贵，一个门面动不动就几百万元的租金，肯定难以盈利，这个时候，我们就可以选择"把口"，把店开在步行街主要入口连接的那个街道上，它虽然不是步行街，但却连接着步行街，也是客流必须经过的地方，比如合肥步行街的宿州路岔道处的含山路上，这个位置就可以开。此外，就当下的实体店经营状况，我认为省会城市社区店可以多开，而消费水平一般的地区市的社区店，我是坚决不会再开新店的，县级店就更不建议再开了，如果非开不可，一定要选最好的位置。

Chapter 04

用"控价"打赢"价格战"

生活是一种态度，决定我们幸福与否的并不是生活本身，而是我们自己。同样是石匠，同样都在雕塑石像，一个人说，他在凿石头，做好这个石像，就能拿到200元酬劳；另一个人说，他正在做一件艺术品，无价。你觉得他们之中，谁是幸福的呢？在这个世界上，我们都在为自己凿一尊石像。一念天堂，一念地狱。如果你将自己的事业当作生命一样重要，你的人生就是天堂；如果你将工作当作一种负累，你的人生就是地狱。

2011年3月12日，当我开第一家店时，我已经没有退路，与此同时，我知道我只有走一条与众不同的路才能生存。在迪信通，我的直接领导杨基虎负责淮南、蚌埠、巢湖等大区市场，因此，我曾对巢湖市场做过专门的研究，这也是我选择巢湖的主要原因。

六年前，如果你去北京中关村电子一条街购买手机，可能会遇到以下问题：你会看见很多店家都张贴着诺基亚最畅销单品打特价的POP，而且一家比一家便宜，当你被诺基亚和低价吸引进店内后，销售员会千方百计向你推销其他品牌的手机。如果你质疑，原本是来买诺基亚手机的，认的是诺基亚的品牌，要的是诺基亚手机的品质，为什么让我买其他品牌？这个时候，销售员大多会告诉你，你要购买的那款诺基亚手机已经断货了……

事实上，并不是诺基亚卖断货，而是他们根本不愿意卖给你，因为倘若真的按POP单上的价格卖，商家肯定是赔钱的。当时，不仅是闻名全国的北京中关村电子一条街，全国很多手机实体店的获利途径都是通过诺基亚来"吸客"，再通过其他品牌手机来赚钱。

曾经的知名品牌是怎么死的？乱价！同一款手机，往往会出现"千人买，千人价"的局面，即使在同一条街上的手机店里，同一款手机往往会卖出不同的价格。比如一台定价1699元的诺基亚手机，有的人花了1300元，有的人花了1500元，另外还有人可能花了1900元，这个时候，消费者一旦知道有人以低价购买而自己多花了冤枉钱，他们会认为自己被商家骗了，久而久之，这个品牌在他们心里就掉价了。

超越梦想

我是从迪信通出来的，无论是从个人情感还是从生存之道上，我都决定反其道而行之，不做"大卖场"，走专卖店模式，只做诺基亚专卖店。事实上，在做店的过程中，尤其是刚刚开始的时候，你的意图和真实的情况还是有一段距离的，尤其是当你遇到经营利益的博弈时，真的很难坚守初心。即使我心里想的是做品牌专卖店，通过服务来让顾客走近我们，了解我们，信任我们，然而，面对竞争对手施加的强大的压力，有的时候，我还是不免自乱阵脚，其实，根本原因还是在于自己"控价"的立场不够坚定。

有一天，一对夫妻进了我们店。妻子指着一款诺基亚手机说："我就要这一款了，能不能给我优惠价？"

"我们这里是诺基亚专卖店，价格都是全国统一的，不能便宜。"我礼貌地答道。

"你便宜一点我就买，我真买，不信掏钱给你看！"她有些强势。

"我知道你是真买，我也真想成交你。"我附和着。

"你便宜我就真买，便宜100元就可以！我知道你也有得赚。"她说。

我问她："你确定，多100元你就不买这款手机吗？"

"是的！"她说，"别的地方诺基亚都有优惠，一想到你这里一分钱优惠都没有，我就不舒服。"

我终于知道她内心真实的想法，原来她在乎的根本不是100元，而是某种心理需求。我想,既然是这个原因,我就算给她100元优惠也算不上"乱价"行为。于是,我对她说:"你等一会儿,我去和经理打个申请!"

实际上,刚刚开店的时候,我是集经理、店长、销售员三者职务于一身,所谓的"和经理打个申请"只不过是进去转一圈再出来。

我对她说:"你过来这边,我给你开票吧!"

我原本以为既然已经满足了她的要求,应该马上可以成交了,没想到她听我说给她开票,不但没有因为我给了她优惠感谢我,反而拉着她先生讲了这样一句话:"这家根本不是专卖店,老公,走,我们到苏宁去买!"

我当时忍不住在心里嘀咕,难道是同行故意来气我们的吗?我要搞个明白,到底怎么回事!我将店交给店员,悄悄地跟在这对夫妻后面,结果,夫妻俩到苏宁电器之后,直接交钱购机。

当时,我的内心翻江倒海,无以名状。我先是认为自己被同行给耍了,紧接着又挨了一记响亮的耳光!我不是要做专卖店吗?我不是要做业内第一家"不乱价"的商家吗?现在,为了100元,即使"乱价"了,但顾客并不在我的店里买。

这件事情让我陷入了深深的思考。事实上,倘若我去一家不议价的专卖店买手机,如果店长给我优惠了,我肯定也会认为他同样会给别人优惠,而且优惠的幅度肯定不一样,既然如此,我为什么还要在这家专卖店购机呢?这家专卖店和一般的手机店又有什么区别呢？

从这件事之后，我发誓在我的店里所有的手机都明码标价，从此再无议价。至今，这件事情已经过去 6 年了，每当想起那一幕，我都非常非常感激那位精明的女士，是她让我再也不会因为任何原因对控价有任何妥协，是她让我更加坚定地走自己要走的路。

我设定好不乱价的目标，定价 1299 元的手机，少 1 元都不卖。当时，同行把打着特价的广告牌就竖在我的店大门对面，我一眼望过去，一款进价 800 元的手机，他卖 699 元，也就是说每卖一台就赔将近 100 元。我想，这正是我"立牌坊"的机会，宁愿一台也卖不出去，也不降价 1 元钱。

有顾客问："为什么同一款手机别人卖 699 元，你的却卖那么贵？"

我说："第一，他卖那么便宜，你敢不敢买？为什么能那么便宜？第二，为什么我卖 1299 元，他卖 699 元，差一半的价格，你可以去他那里看看，你到底能不能买得到，你买到的到底是什么产品？你去试一试！"

我的严格控价以及服务质量逐渐赢得了顾客的认可，事实上，只要有人通过低价招揽到顾客又以断货为由拒绝销售，这个顾客就会找到我的店里来，因此，我的控价行为不仅让我没有损失，反而增加了销量，还赢得了好口碑。显然，不论在什么时候，当一个人有了失败的教训、成功的经验、理性的思考，甚至怀有些许情怀而且足够坚定的时候，就会有说服别人的理由、自信和勇气。

也许是我曾在迪信通工作的缘由，有段时间，巢湖迪信通甚至有人扬言，三个月内要灭掉我的店。然而，非常遗憾，他采取的方式依然是打价格战。当时的情形充满了戏剧性，同一款手机，他的价格越打越低，我卖得却越来越贵，而且越贵生意越好。后来，那款"特价"手机，他们卖得比进价还低，即便如此，销量却一般，而我的店总是一分钱不让却真的卖断货。于是，我就让员工脱了工作服直接去他们那里买，因为我采购的价格比在他们那里买的价格还高，我为什么还去采购呢？持续一段时间后，这款手机的价格最终被抬上来了！

事实上，我无意通过这样的方式去赚取更多的利润，虽然从做生意的角度看，这本身并没有违反商业道德。这一场由对方发起的价格战，对方"哑巴吃黄连，有苦说不出"！

其实，我希望通过这件事让他们看到我控价的决心和控价本身的必要性。然而，在那个时候，业内人士都不看好手机专卖店的方式，在他们看来，我的出现注定是昙花一现。

在当时的情况下，这些观念极为正常。比如像迪信通这样的全国性手机大卖场，即使和我打诺基亚的价格战，他们在这一款手机上是亏损了，但在其他品牌手机上可以赚回来，他们要的是客流量，而像我这样的诺基亚专卖店，如果采用跟随策略跟迪信通打价格战，我是必死无疑。因此，"控价"对我来说，与其说是我的个人情怀，不如说是我根本无路可走。

正因为我采取了严格控价策略，完全按照诺基亚的指导价销售，我们的专卖店不仅形成了差异化竞争的态势，还有了支撑生存的利润空间，与此同时，我们还有更多的精力放在客户服务上。事实上，我们专卖店的模式几乎解决了当时手机零售市场的所有问题，而我的支点就在"控价"上，天平逐渐平衡，我这一端的砝码分别是"正规"、"品质"、"服务"。

当大家都将"降价销售"和"价格优势"当作手机零售行业的商业信条时，我选择了原价销售，事实上，这本身就是一场赌博，我必须面对竞争对手不时施加的巨大压力，面对自己店员的质疑，面对顾客的疑惑，等等，我要么放弃，要么越战越勇。显然，我选择了后者，即使我的筹码少得可怜，但我知道，只要我坚持真正为顾客创造价值，我一定能赢。

我经常对我的员工讲，不要"既想当婊子又想立牌坊"，这句话虽然刻薄，但却充满生活的哲理。既然要做诺基亚专卖店，要打响品牌战，又想抓住所有的顾客，这怎么可能呢？选择做专卖店，就必须损失一部分顾客，必须抓住优质顾客，只有这样，我们才能在夹缝中找到生存与发展之道。

每逢迪信通等店降价，我就招呼我的店长，他们每降100元，我们不仅不要跟降 100 元，还要向上再涨 100 元。后来，迪信通发现不论他们怎么降价，对我们也无法形成冲击，他们慢慢也不再降价了。

2011 年 7 月 9 日，我们在巢湖开了第二家店，大约 100 平方米，选址在巢湖最好的商场安德利百货大楼正对面，在这个商圈，我们是第一家手机店。六年后的今天，这一条街不仅全部都是手机店，而且装修、陈设和我们店都一模一样，我们卖什么，他们也跟着卖什么；我们怎么做产品陈设，他们也跟着怎么做，完全是等比复制，我打心眼里佩服这些商家，他们的模仿能力真的太强大了！

也许，在很多人看来，被追随和模仿不是一件好事情，但我却认为它至少不是一件坏事情，因为竞争可以推动行业的进步。正是因为他们的复制，逼迫我不得不走上不断创新、不断迭代、不断差异化的道路。直到今天，我们怡秒连锁的店面设计都申请了专利，甚至我们使用的专业术语都先去注册，再去使用、推广。未来已来，未来一定是品牌的天下。

Chapter 05

选人贵在"两情相悦"

任何一家实体店的经营，成败的关键在于一线员工。一线员工每天的状态直接决定了这个店的业绩，尤其是新店。在选人用人上，关键在于把合适的人放在对的位置上，使得人尽其才。

选人用人是所有创业者必学的一堂课，在迪信通的那些年，我只做到了中层管理者，到自己创业时，才知道"势单力薄"的艰难。开始时，只有我和三舅，而那个时候的三舅对怎么开店几乎一无所知。事实上，我原本可以从淮南带走几个人，假如我真的提了出来，淮南店的同事大多还是愿意跟我出来的，没准现在已经成为我们怡秒连锁的股东，但在那个时候，我从未动过这个念头。

在我最艰难的时候，迪信通给了我一份工作；在我找不到人生方向的时候，迪信通告诉我，我的未来在哪里。迪信通是我人生的第二所大学，在这里，我学会了如何销售，如何演说，如何带团队以及怎样经营一家手机店。因此，当我离开时，我不能自己去创业了，还要把团队带走。况且，那个时候，创业对我来说，是一条未知的路，除了亲人之外，我无法给别人承诺。

三舅比我大7岁，16岁时就出去打工，一直在工厂上班。在过去的十多年中，他做过很多事情，但大多都与成功无关，但我知道，他对成功的渴望、内心的追求和我是一样的，我们都害怕回到贫穷、被人瞧不起的日子。

贫穷不是一个借口，因为贫穷，很多人连拥有梦想的念头都不敢有；因为贫穷，很多人会认为低人一等；因为贫穷，很多人在人群中连身子都是佝偻着的；因为贫穷，我们在餐馆里吃饭连菜单都不敢看……

因为贫穷，我们曾经一无所有。然而，你知道吗？正是因为一无所有，你才可能拥有一切！这才是生命给予我们贫穷真正的意义。

三舅和我坚信，我们迈出了第一步，这一步对我们这个家族来说不亚于踏上月球的第一个脚印，未来，这个家族中会有更多的人加入我们。

每当遇到困难时，我们不会去找借口，因为对没有退路的人来说，根本没有任何地方能让我们找借口。三舅虽然没有开店的经验，对手机行业甚至一窍不通，但是，没有人像他那样全力以赴地去做一件事情！

除了我和三舅，第一家店是没有员工的，待开业的时候，我借鉴当年迪信通招人的方法，也在我们的店门口立了个招聘销售员的牌子，前后来了11个人应聘，我计划给他们做一次集中培训，我想，以我的口才，这些人至少能留下一半。

次日上午，培训会就在店面楼上的一个场地开始，我开门见山地告诉大家，这是我们的第一家店，这是我们的梦想起航的地方，未来，我们的店将遍布中国的每一个城市。之后，我开始分享我的故事，分享我是如何从一个销售员做起到现在自己开店的，分享我对手机行业的理解，什么叫不议价销售，什么是品牌……

半天的培训会之后，11个人陆陆续续走掉了9个。万事开头难，我想，即便只剩最后一个人，我也要继续讲下去。当一个人的理想像冬天的暖阳照进现实时，这种温暖的感觉真的特别美好，那两个人真的坚持了一整个下午，听我讲完产品知识，但是，我没有想到，他们第二天不约而同地都选择不来上班。

招聘就是销售，第一场我是"零成交"，那个时候，我觉得自己有点像传说中站在苹果桶上的孙正义，刚刚宣布完自己要干件轰轰烈烈的大事，结果观众都走光了。

扪心自问，我是个值得信任的人，在刚刚起步的时候，依然没有人信任我，这种感觉真的很痛苦，但转念一想，我确实没有成功创业的经历，别人凭什么相信我呢？对他们来说，我是一张白纸，没有任何数据能证明自己是对的，自己能前途远大。当别人问，你们其他地方还有店吗？没有！目前只有这一个店，还这么小的面积，更可怕的是，我居然还在谈品牌，谈"不议价销售"，这对那些曾经一直在打价格战的销售来说，简直在痴人说梦。因此，我的真心只能换回他们的不屑一顾。

后来，我们持续零零散散地招，却始终没有招到人。过了很长一段时间，终于有一个人愿意留下来，我本不想要，因为她真的不太符合我的选人标准，但我实在无人可用，店里总要撑个人气，就把她留了下来，而她也是实在找不到工作才留下来的。后来，她也走了，还很潇洒。

生活就是这样，小事里有大文章。我想，如果一个老板打扫卫生的时候，习惯把上下玻璃再擦一次，某天老板临时有事要出门，让某个员工帮忙擦一下，应该是没有什么问题的。一般人会觉得，这样一件举手之劳的事，怎么会大动干戈？是的，但凡这个员工对老板有一点敬畏之心或者欣赏之意，都不会断然拒绝，但我的这个员工，回答得直接，拒绝得干脆。

她说："我不想擦！"

我很气愤，说："那就不好意思了，你不适合在我这里干！"

她把身上的工作服一脱，走了。

我想，她来的时候心不甘、情不愿，想走的心更不是一天两天了。想必她在听我说伟大愿景的时候，心里应该是一片苍白；看着我称不上团队的几个人，应该是绝望的。因此，她的走是必然的，早一天晚一天而已。

正是她的启发，在第一家店开业不久，我想尽快开第二家店，我需要营造团队的感觉，吸引更多的人才。如果只依靠这一个店面把人才培养出来，难度系数很大。

很多人在创业的时候都想去找专业的人才，因为人才能帮他们解决初创时面临的很多问题，但前提是我们所选的人一定要完全认同我们所做的事情，倘若"身在曹营心在汉"，有再大的能力，也不会为我所用。

大多数初创公司都缺乏招聘、选人、用人的经验，创业者对应聘者的考评一般在性格、经历、专业能力等方面上，如果各方面都匹配，便想尽办法希望对方留下，我认为这是选人上最大的失误。创业者首先需要了解对方对公司的文化、创业的理念、创始人的性格是否认可，再去考虑能力是否匹配，道理很简单，能力可以后天培养，但理念不一致的人又怎能在同一条路上走下去呢？

一个新创团队最重要的不是员工的个人能力有多强，而是创始人和员工之间的互相认可、彼此支持、观念一致。创始人的想法再好，意识再超前，但员工不认可，甚至在执行之前就已经抱着怀疑的态度，其实就已经注定了失败的结局。相反，如果员工支持你，发自内心地信任你，积极主动地做事，他们在做所有事情时都富有激情和创造力，创业必然事半功倍。什么是生意？在我看来，不管在哪个行业，生意的本质就是源源不断的创意！

并非所有人都适合创业，因为它必定是一条充满荆棘的道路。在最艰难的时候，分分秒秒都面对着挫折、煎熬与痛苦，这种日子就像一杯苦酒，只有喝过的人才知道其中滋味。但倘若你发自内心地喜欢，心中充满着成功的意愿，这些苦就不再是苦，而是你通往成功之路上必然经历的磨炼。

对老板来说，刚刚起步的时候是苦的，那么，对员工来说呢？显然，在初创阶段追随你的员工吃的苦并不比你少，如果他不喜欢你，不认可你，这条路他根本走不下去。只有信任自己老板的员工，在工作中才会百分之百地投入，然而，很多企业的问题就出在这里。很多创业人都有很好的想法，甚至有的人的商业思维不仅超前，可行性也很高，但问题却恰恰出在执行的环节，这就像两个人谈恋爱，必须互相喜欢，才能结婚、过日子。其实，如果员工不认可自己的老板，他也不能在团队里获得很好的发展，因为老板的性格很大程度上就代表了企业的性格，对老板抵触，就会演变成对企业文化或企业性格的抵触，试问，在这种情况下，他又怎能全身心地投入正在做的事情当中呢？

我很幸运，因为我们第一个店的店长就是我的三舅，正是由于三舅的启发，"两情相悦"的用人原则至今我们怡秒依然沿用着。现在，怡秒连锁的每家店在招聘新员工时，首先要将我介绍给那些应聘者，在新人认可我的情况下，再进行下一步面试。这样一来，我们挑选的首先是认可我们的人，如果他的能力符合我们的要求，我们再进行培养。事实上，即使我们选的人能力不够高，但只要他们认可我们、信任我们，基于这种情感，我们也很容易培养他们。

很多企业在选人、用人时都太过"势利"，只要能为公司创造价值，只看中应聘者的"能力"，我认为，建立在"利他"原则上的创业才能真正稳固、持久，我们之所以让员工做那么多事，一定是为了利他，而不是利用他！说得俗气一点，这就像两个人谈恋爱一样，你一味地付出，却不在乎另一方的真实想法，也许对方认为你之所以对我这么好，是为了跟我上床。

一种狭隘的思想萌生，可能源于外界的消极影响，也可能是自己的内心出现了问题，因为那一刻自己不是向爱、向善，而是向恶。这种情绪其实是很危险的，但又是极为正常的，任何人在某段时间，都有可能出现这样的问题。人性充满了多种可能性，最后衍生为人的复杂性，停滞于绝对的善或绝对的恶，恐怕就肤浅了。一个向善的人格，源于一次次向善的行为，经过时间的不断沉淀，打下坚固的根基。有人说，人生就是一场修行。

作为一个创业者，我需要做的是当问题没出现的时候，尽量避免；当问题出现的时候，尽快地解决。人的情绪是有周期的，在团队中，我们不能因为某个人在某段时间做得不好，就抛弃他、放弃他。

当意识到自己员工的情绪有波动时，我们要做的第一件事是让他意识到自己的问题，并且全力以赴帮他化解。不能因为一个人的能力不行，现阶段没有符合我的要求，或是他现在反叛了就放弃他，这不符合我的用人原则。

既然选择了，就必须要负责。在我选择他的那一刻，我们相当于组成了一个"事业家庭"，除了晚上不能在一个床上睡觉，不能结婚生孩子，其他的事情都可以做，而且大部分的时间都是在一起的。选合作伙伴就像选人生伴侣，对妻子，不能因为两个人吵了嘴就跟她离婚，而是想尽办法去解决问题，让日子能够过下去，越过越好。

对于员工也好、合作伙伴也罢，我始终让自己抱有一种态度，他不能过得不好，我一定要对他负责，是利他，而不是为我。所以，当员工的心态出现问题的时候，我要为他负责，而且是发自内心的。为什么？因为我喜欢他，这就是我的逻辑。其实，一个人是真心还是假意，不需要太多语言描述，对方肯定是能够感受到的，在这样的调整和共同努力下，他就会获得一次成长。

当然，如果我的合作伙伴跟我说，他受不了了，要离开，或者他有更好的想法，要去实现自我价值，我一定不会阻拦，若是对他有益，我一定支持。就像我们的很多店长，认为自己学得可以了，认为我行他也行，就告诉我他要去创业，我都会说："行，支持，有什么问题咱们再沟通。"

在选择合作伙伴或员工的时候，必须要选择了解我们、认可我们、喜欢我们的人，最好"两情相悦"，这是我用人的第一个原则。其次，我会优先选择那些有目标、有计划的人，当一个人的目标清晰、明朗时，他必然会积极主动，总有一天，他会出人头地。

当然，有的人从未有过目标，也许生活没有给他思考的机会，或者他是刚踏入社会的学生，这个时候，我会主动引导他，帮他找到他内心真正想要的东西。其实，每个人都有梦想，只是在琐碎的生活中，梦想不知何时已经丢失了。

我想，这也正是我将我人生的第一本著作命名为《超越梦想》的原因所在，人如果没有梦想，活着还有什么意义呢？当我开第一家手机店时，我告诉大家我的梦想，那个时候，我的店只有几十平方米，没有人相信我，当我说起梦想时，在大家看来真的是一场春天里的梦，但是，人人都相信的梦想还能称为梦想吗？

Chapter 06

因为"不忍",所以强大

人因梦想而伟大,对像我这样没有任何背景、白手起家的人来说,创业是唯一的一条让梦想成真的道路,同时也最能让我清醒地认识自己,让我直面困境,在一次又一次危机中找到生存的空间。创业真的就是这样,你就像在一片汪洋中的小舟,一波高过一波的浪打过来,但这并不是最可怕的,因为你能看得见,真正可怕的是深不见底的暗涌与漩涡。创业不是百米冲刺,而是一场马拉松,可是,很多人却都倒在临近终点的百米之内。

在第一家店开业之前,我几乎将可能遇到的困难都想了一遍,但我却唯独没有考虑过招人的问题。那个时候,不论我对别人说什么,别人都不相信我,他们宁

超越梦想

愿去拿迪信通或苏宁1000元的工资，也不愿意到我店里来拿2000元，这其实是所有白手起家的创业者都面临的问题，只是在做店这个领域中显得更为直观，你有多大的实力完全体现在你的店有多大面积以及开了多少家店。

在刚刚开始的阶段，招不上来人并不是别人缺乏眼光，你知道你的员工内心真正需要的是什么吗？除了工作之外，他们更需要归属感。对员工来说，倘若这个团队让他感到前途渺茫，他还有工作的激情吗？这是一个恶性循环，就像马太效应一样，越是缺乏激情的团队越会死气沉沉。现在，我们怡秒连锁已经在全国有60多家店，我们店面的VI（视觉设计）是统一的，店员的培训是统一的，甚至连产品的摆设方式都是100%复制的。我希望有一天，我能将怡秒连锁的模式复制给全国46000余家曾经像我一样奋斗的手机店，帮助他们把员工培养好，把业绩做上来，这是我此时的梦想。

在我的第一个员工"撂挑子"后，我眼睁睁地看着店里又只剩下我和三舅了，其实我非常害怕这样的局面，因为除了三舅之外，仿佛没有人愿意相信我。

虽然店里没有员工，但生意却不错，因为我只做诺基亚一个品牌，销量日益上升，诺基亚厂家专门为我们配了一个促销员。我没有想到，这个促销员后来成了我创业初期的得力助手。

她叫王敏，和我年龄相仿，巢湖本地人。此前，她一直在大卖场做诺基亚的促销员。在她看来，我的经营理念和诺基亚完全匹配，诺基亚希望所有的销售商都能按照他们制定的销售方案严格执行，然而，现实情况却是诺基亚手机成为大多数商家吸客的噱头。王敏说，她在卖场辛辛苦苦地推广诺基亚手机，大多情况下却被销售员转单推其他品牌，在她看来，诺基亚当时的做法就像是"嫁女儿"，辛辛苦苦养了大半辈子，却被别人娶走了。身为诺基亚的驻店促销员，她看不惯商家用这种方式损害诺基亚的品牌，欺骗顾客，但她却什么都做不了。是啊，在手机市场"渠道为王"的时代，一个促销员能在别人的地头上做些什么呢？正是出于这种情感，当她来我的店里，看到我的销售模式时，她非常兴奋，当时，整个巢湖市只有我们一家诺基亚专卖店。其实，整个安徽省也只有两三家诺基亚专卖店，而且，那屈指可数的两家还存在"转单"的现象。

王敏说："太棒了！我像是发现了新大陆！"

我心想：终于等到了一个除了三舅之外认同我的人！

我坚信，"两情相悦"是选人的第一原则，那个时候，王敏只是诺基亚的促销员，她的职责非常明确，就是提高诺基亚手机的销量，维护其品牌。她是诺基亚的人，工资由诺基亚发，因此，店里其他的工作，她完全没有必要理会，而我也没有权力指派她，然而，她却做了很多我意想不到的工作。

一个厂商安排的促销员，如果能帮忙擦擦柜台、扫扫地，已经是非常好的表现，

超越梦想

但王敏却总能看到别人眼里看不见的问题，做别人不会做的事情，比如，门头玻璃上有灰尘，来来往往的人谁会注意到呢？但她就能看见，自己去邻居家借来梯子，爬上去擦得一尘不染。店里的事情无大小，但凡我们做的，她都会自发去做，无怨无悔地做。

"如果她是我们的正式员工，那该多好啊！"我心想。然而，这在诺基亚体系中是被明令禁止的，但我实在想留下这个人才，伯乐遇上千里马，怎么肯"善罢甘休"？

最初和她沟通的时候，她有些顾虑，她不想离开诺基亚，毕竟诺基亚是大公司。我说，你可以继续做你的诺基亚促销员，我不干涉，但从今天开始，你就是我的正式员工，我会按照我们公司的薪酬标准给你发工资。如此一来，她无法推托，不得不同意按照我的方法试试。

2011年7月9日，我们的第二家店开业，我把她从一店调到二店，开始培养她做店长。

她既惊喜又担忧，说："我从来没有当店长的想法，我怕我干不好！"

"什么事情做了才有结果！"我安慰她。

实际上，在运作二店的过程中，确实遇到了很多困难，她毕竟没有管理的经验，好在这些问题我曾经都遇到过，我手把手地带着她一一化解。请记住，如果你决定培养一个人，就一定不忘初心、负责到底，这才是一种正确的心态。

然而，这种心态并不是对所有人都有用，我想很多善良的创业者都曾因这个问题吃过亏。

当时，二店同样缺人。那时正赶上暑假，虽然有很多学生找上门来，都被我一一拒绝了。我是不愿意招短工的，短短的一两个月的时间，往往还没有教会他们做事的方法，就已经离职了。后来，来了五个人，他们声称自己不是打短工的学生，我和王敏又惊又喜，虽然他们没有经验，但整体素质看起来都不错，如果培养好了，说不定能成为二店的精兵强将。

于是，我们为这五个人制定了严密的培训计划，到8月中旬，培训结束正式上岗时，有两个人莫名其妙地离职了，没有任何理由，拿了工资就走。到了9月中旬，剩下的三个人也是拿了工资就走。这个时候，我们才发现，他们就是来兼职的学生，我们每月15日发工资，于是，他们就等到那一天离职。

学生利用暑假勤工俭学原本是一件值得鼓励的事，但为什么要用这种方式呢？如果他们诚恳地说出原因，其实我也不会拒绝，可是，他们依然选择了最坏的途径。实际上，他们唯一的筹码并不是他们心里想的"小伎俩"，而是我们从没有想过为难、伤害他们。

这份"不忍"，让我懂得了内心需要更加强大，不要因为被几个小孩子骗了，就觉得吃了多大的亏，在创业的路上，这样的事情只不过是"毛毛雨"。之所以被几个孩子骗，并不是他们的算盘打得有多精，也不是他们的骗术、演技有多高明，而是我们自己心里的那杆秤，那个时候，我已经倾向于用高端人才。

不论哪个行业，企业的核心竞争力一定是人才，然而，大多数手机店用人的门槛都很低，尤其是一线员工，当然，有的店会有严格的培训，但大多数店都是招上来就用，结果只会越来越乱。

在我看来，这是我们的病根，专卖店对人才的要求肯定与大卖场不同，除了自己去培养，当然很难找到合适的人才。

后来，王敏提议，我们为什么不在熟人中找几个合适的人呢？熟人毕竟知根知底，而且我们现在这种专卖店的模式一定是手机店的发展趋势，对他们来说，也是件好事。

我听从了王敏的建议，但却没有从我的"熟人"中找人，我仍然磨不开老东家迪信通的情面，好在她找了一个老同事。果不其然，王敏的老同事不仅很有经验，而且非常能干，时间不长，我就辅助她管理一店。

后来，招聘一直是我们的重点工作，但是在选人上我们逐渐积累了一些经验，比如我们尽量避免用应届毕业生。我想，这一点经验对很多初创企业也很重要，大多初创企业为了节约用人成本，认为应届毕业生工资低，但实际上应届生刚踏入社会，学了点皮毛就要走，流动性大，忠诚度低，往往我们花了大把的时间，耗费了大量的精力，最后说白了就是给他们普及了一下社会知识。因此，我们选人时，在年龄上面就有硬性的限制，比如必须24岁以上，年龄大一点没关系，女性尽可能生过孩子。

2012年，我去了一趟香港，发现那边的营业员的年龄都偏大，有的看起来至少五六十岁，头发都白了，但服务却很好。这种现象，在内地的店面里面是没有的。我认为，这是实体店未来的用人趋势，在内地，现在五六十岁的人，也许来让他们去跟年轻人讲手机，他们可能讲不好，但是10年、15年、20年后呢？那个时候50岁的人现在正当年，他们的知识结构、服务意识、职业素养必然比年轻一代高，这不仅是我们实体店的用人趋势，也是这个社会的发展趋势。

做店，不仅要解决当下的问题，还要将头抬起来，就像在高速公路上开车，将目光放长远，看得越远越好。但是，请记住，你的目光再高远，你的梦想再宏伟，那也只是你所谓的梦想，在别人看来可能并没有那么重要，因此，既然你选择了创业这条不归路，就既要登高山、观沧海，也要学会低头做事、谦逊做人。不要因为自己的梦想比别人大，不要因过去成功就忘了自己的初心，忘了这一路走来曾遇到多少坎坷，忘了那些帮助过自己的贵人。

我曾经希望通过一家一家地开店来培养人才，再从这些人中挑选合作伙伴，在实现个人梦想的同时，也帮助别人实现梦想。然而，在大多数人看来，他们要的也许仅仅是一份稳定的工作、一个月几千元的工资，同时还可以照顾家庭。所以，你跟他们去谈抱负、谈梦想，他们心里想的却是晚上回去给孩子做什么吃的……

有些人，在别人的店里可能干得还不错，但来到我们店里后干着干着就没有任何动力了，我曾经因为这个问题非常苦恼，因为我觉得出现这种现象的原因必然不在别人身上，而在我身上。我是一个喜欢思考并持续不断地思考的人，我总是习惯性地希望能够启发自己的员工，尤其希望让那些原本没有什么想法的人思维更加活跃一点，事实上，我们通常很容易让一个有点想法的人更有想法，却很难让一个没有想法的人变得有想法。因此，当我不断地塑造愿景，告诉他们好好干，将来会做店长，未来可能会成为老板的时候，他们却更愿意过一种相对舒服的生活，那些与店长、老板相匹配的素质，根本激不起他们的一点兴趣，更谈不上未来朝着那个方向走。

这就像医生看病一样，一定要对症下药，我们对自己的员工不能一视同仁，而是因材施教。你是主人，客人要吃苹果，你非要让人家吃梨，客人能开心吗？因此，对于这些人，我要做的就是给他们提供一个他们需要的平台。想明白这个问题，我对原先的选人机制又做了一次调整：并非一定拥有足够大的梦想，只要他有明确的目标。与此同时，我根据业内的薪酬情况，对我们的薪酬机制也做了一些调整，那个时候，巢湖市大多数手机卖场销售员的底薪是650元，按照从4%到8%的提成机制，而我则采取新员工底薪 800 元，工龄满一年后加 500 元，直接按照 8% 的提成机制。

因此，我们的薪酬在当时是比较高的，但尽管做了这样的调整，卖场里的销售员依然不愿意到我们店里来干。因此，我的办法只有"广开人路"，不仅从社会上招，还通过熟人、亲戚甚至自己店里的员工介绍，事实上，后者比前者更有效。

我想，未来如果时间允许，我会再专门写一本书，和大家探讨手机店究竟如何选人、用人的话题，因为这里面有太多太多值得我们去思索的学问。

这个板块的内容，让你有什么感悟？

_____
_____
_____
_____
_____
_____
_____
_____

Part 4

做 店

经营就是在危机中挖掘生机

品牌的根基是控价

当人才在你最需要的时候离开你

做店要敢于不断试错

怡秒优品的品牌主张：控价

Chapter 01
经营就是在危机中挖掘生机

商业最独特、最有魅力的地方在于它的不确定性,市场是波动的,消费者的需求时刻都在变化,而绝大多数一成不变的企业却做成了自己的影子,在不断重复过去的自己的同时迎接死亡。在这个庞杂的社会体系中,创业者就像一只蝴蝶,努力扇动着微小的翅膀,也许有一天,它扑向看似美丽实则致命的火把,也许有一天,它翅膀的一次振动就能引发一场飓风。是的,科学家说这是蝴蝶效应,然而,我们所做的一切不正被自然界一次又一次诠释着吗?

几年前,大街上的人拿出来的手机大多是诺基亚,那是诺基亚时代;今天,每个人手里拿出来的手机几乎都是苹果,然而,跟诺基亚不同的是苹果几乎没有什么型号可以选择，甚至连颜色也只有那么固定的几种。其实，早在100年前，就有人用了这个战略来做汽车，这个人就是福特汽车的创始人亨利·福特，他是第一个使用流水线生产汽车的人，他推出的福特T形车是迄今为止全世界最畅销的车型，总共卖了1200多万台。实际上，在福特T形车出现之前，全美国有几百家汽车制造商，但所有厂商的车都不一样，这和2011年前后的手机市场大同小异，苹果横扫手机市场，并雄霸至今。

2011年国庆节前后，我明显感觉到诺基亚手机销量下滑，不单我的店，是整个市场的下滑，当然，这对做诺基亚专卖店的我来说是致命的打击，很多人来店里面转一圈就走了，只留下一句深深刺痛我的话："还不如直接去买苹果手机！"

当时，我最烦也最怕听到别人提苹果手机，要知道，整个巢湖几乎曾经所有购买诺基亚的高端客户都在我这里，但现在这部分客户都去买苹果手机了！电视、报纸、网络上到处都充斥着苹果手机的新闻，我感到一种自创业以来前所未有的恐惧感，那时间是我最为痛苦的一段时间，我甚至开始迷茫，因为我从来没有遇到过这样的情况，下一步究竟怎么走，我陷入了深深的思考。

当一个在我心目中就像一座挺拔的山峰一样伫立着的品牌突然倒下，当一个曾经家喻户晓的品牌突然瓦解，当一个曾经是我创业的根基的产品突然卖不动了，我真的不知道，这个世界到底发生了什么事情。我甚至怀疑，一台手机卖5288元，真的会有人买吗？我不敢确定。但是，我在心中突然萌生了一个大胆的想法，如果我将诺基亚专卖店转型成苹果专卖店呢？

那个时候，苹果手机的地面渠道主要是自己的直营体验店、中国联通以及迪信通、国美、苏宁等大卖场，显然，诺基亚手机的销售下滑对他们来说没有什么影响。

出路到底在哪里？我想，与其坐以待毙，还不如出去一探究竟！经营的答案在市场上，不在经营者的大脑里。那段日子，我跑遍了上海、杭州、南京、合肥的苹果直营店、手机大卖场、诺基亚专卖店等，然而，除了看到苹果手机的火爆情景之外，我依然没有找到答案。

在我的观念里，当一个企业真正做大时，它至少要"两满"：一个是产品线的丰满；一个是渠道的丰满。显然，在众多手机厂商中，只有诺基亚同时做到了这两点。从一百多元的"老人机"到几千元的高端商务机，诺基亚的整个产品线几乎覆盖了所有的消费群体，这也是当时我决定做诺基亚专卖店的根本原因。然而，苹果手机只有一款单品，而且定价这么高，它怎么能支撑起一个专卖店的经营呢？它怎么能负担得起专卖店的房租和员工工资呢？

我始终想不明白！这种思考与挣扎让我无法入睡，半夜两三点，我披上衣服，在冷冷清清的店门口一圈接着一圈地转。

如果我在诺基亚的阵地上坚守，也许我能继续坚持三个月，最多五个月；如

Part 4 做店

果我转型卖苹果手机，首先我们的老顾客肯定会质疑，这家诺基亚的专卖店怎么突然成为苹果专卖店了？当时，我们在巢湖地区已经有一定的影响力，显然，这样的质疑肯定会损害我们的品牌美誉度。最终，我选择了一个折中的方法，在门头上诺基亚的招牌下再挂一个苹果手机的招牌，你别小看这门头多了一个小小的招牌，换句话说，做店做的就是招牌！我想，这种"一个门头挂两个招牌"的做法除了我之外至今也没有人做过。

我是个想清楚了就马上执行的人，我们在诺基亚的招牌下面做了一小条很小很小的苹果手机的logo（品牌标识），只有大约80厘米宽，紧接着，安装苹果手机体验台、样机上架，我们正式从诺基亚专卖店转型成为"苹果、诺基亚双品牌专卖店"了。

我记得当时主推的产品是苹果4S手机，一个星期过去了，除了零星的几个顾客询价之外，我们一台也没卖出去。

我再次陷入沉思，难道我的"双品牌专卖店""双门头打法"根本没有用吗？这样下去，我坚持不了多久，只能关张了！我甚至做好了最坏的打算，卖房子还债，再去打工。

然而，我不死心。就算我不是"纯粹"的苹果手机专卖店，也至少是"一半"呀！怎么可能一台苹果手机都卖不出去呢？苹果手机的用户明明在增加，我们的售卖价格也是按官方价格在卖，我们的产品和服务只比别人更好，但为什么只有我们卖不出去呢？为什么我们一台都卖不出去呢？

我始终无法相信这个结果，索性，我自己穿上工作服亲自上阵！这一天，店里来了一位40来岁的男性顾客，让人欣喜的是他买了一台苹果手机，这是我们破天荒的第一台！不仅如此，他还购买了我们一张500元的会员卡、一张398元的服务卡，这样算下来，一台苹果手机的毛利润竟然达到1000元。正是这次成交让我彻底打消了原先不敢做苹果专卖店的顾虑，也让我彻底醒悟，购买苹果手机的用户的消费水平决定了他们的购买力，换句话说，他们已经花了5288元购买一台手机，根本不在乎多花1000元享受更好的服务。然而，这不正是我做手机专卖店的用意吗？

这就是苹果，它用聚焦产生爆品，它和我一样，都是在手机领域的创业者，但是，苹果这个创业者颠覆了整个行业，占据了手机市场的王者之位，我相信，我们怡秒的未来一定和苹果一样。

如果我们在经营过程中的一次尝试得到了市场的认可，获得了成功，就是要问自己关键是因为什么。我希望每一位创业者都要将这个问题想明白，因为一次成功必然建立在多次失败的基础上，关键在于你能否坚持，能否真正从困境中走出来。

转战苹果之前，我们在巢湖的第一个店的业绩一个月最多能做到9万元的毛利润，第二个店一个月最多能做到6万元的毛利润，"双门头"战略之后，单店的月毛利润最多做到了 24 万元，原来做苹果手机这么赚钱，做店以来，我终于看到了曙光！

紧接着，我在合肥滨湖开了第三家店，依然是诺基亚和苹果的"双品牌专卖店"，店内一半是诺基亚手机的展台，一半是苹果手机的展台，开业第一天，我们的毛利润就做到了 7700 元，第一个月的毛利润就做到了十几万元。显然，"双品牌"策略不仅奏效，而且真正帮助我走出了创业初期的困境，找到了出口。

Chapter 02

品牌的根基是控价

顾客完全满意有时候真是个巨大的陷阱，因为企业在这种温和的环境下，根本不知道危机就在眼前。就像米缸里的老鼠，吃饱了就在米缸里玩乐，日子过得非常舒服，突然有一天，米缸里的米少了，它也无法从米缸里跳出去，但好在米缸里还有米，因此日子还算能过下去，最后有一天，老鼠绝望地发现，米缸里真的一粒米都没有了。

诺基亚手机曾经是多么辉煌，然而，再辉煌的过去也抵不住时代的洪流，达尔文的自然法则在商业上同样适用。我们今天有多少企业就像那只米缸里的老鼠一样，有多少企业将自己的前途与命运系在一根绳子上，有多少企业是靠着行业的红利生存的，事实上，如果我们无法逃出这些经营的陷阱，我们随时会被新生的商业模式取代。但当我们突破自己时，我们就一定会活下去，因为现在这个时代就是这样。

2012年3月，创业满一年，我们在合肥开了第一家店，紧接着，我们陆续在合肥开了四家店，前三家店都很成功，尤其是第三家店，位于民发商业广场，属于社区店，低成本，高收益。开合肥第四家店时，我准备做一次测试，那段时间，我认为门头挂什么品牌，店内就能卖什么产品，于是我将苹果、三星、诺基亚、摩托罗拉、HTC（手机品牌）、VIVO（手机品牌）等品牌标识都挂在门头上，足足有十几米长，因此，这家店也就成了名副其实的综合大卖场，结果顾客根本不知道我们这家店到底是卖什么的，因此，我们将合肥这个最大的店最终换成了怡秒手机连锁这块牌子。

这个失败的尝试让我彻底警醒，未来手机实体店到底是大卖场还是专卖店，如果做专卖店，会不会再次遇到与诺基亚同样的窘境？如果做大卖场，又应该怎么做呢？这些问题不断叩问着我。

2013年9月，诺基亚被微软收购后，几乎退出了手机市场，因此，我们也从"双品牌"彻底成为苹果手机专卖店。但总有一天，苹果可能也会走诺基亚的路，那个时候，我们的店越来越大，风险越来越大，我们怎么办？

超越梦想

我想，只有一个办法——做自己的品牌。我们"做店"到底做什么？做的不就是品牌与服务吗？当然，我们的品牌切换过程是循序渐进的，从一开始在苹果的招牌下出现"怡秒"的字样，到"怡秒"占了门头上的主要位置，后来直接撤掉苹果的品牌标识，整个切换的过程我们用了足足两年时间。

现在，我们所有的店面全部是"怡秒"的品牌标识，产品定位为价格2000元以上的中高端手机，除了苹果手机之外，还有 OPPO、VIVO、8848、华为等。我们针对大卖场做了一个差异化竞争策略，大卖场几乎囊括了价位从100元到10000元的全系产品，他们依旧沿用"价格优势"、"渠道优势"的传统打法来操盘手机市场。事实上，这种做法最终导致大卖场沦为低端手机的"仓储型超市"，中高端尤其是高端群体的消费习惯决定了他们一定不喜欢"仓储式超市"的购物方式与服务，那么，这部分群体去哪里消费？他们喜欢怎样的场景与购物体验？显然，这就是怡秒要做的事情。

转型做自己的品牌后，我们的定位就越来越清晰，因此，怡秒的名字后面又多了两个字，成为怡秒优品。优品传递给消费者的概念是什么？买中低端手机去大卖场或线上店，买中高端手机来怡秒优品。怡秒优品，精挑细选的手机。

定位高端不代表只卖价位高的手机，而是意味着为顾客提供高端的服务，而这正是我们的核心竞争力，因为从开第一家店开始，我们就服务于高端客户。现在，在我们怡秒的客户群中，甚至有人将自己的事业、产品、品牌和我们的品牌产生连接。当然，怡秒的大门一直是敞开的，未来一定是抱团合作、跨界合作的时代，手机店不再是一个只卖手机的地方，因此，怡秒不仅欢迎各个行业、各个领域的合作，我更希望能和全国所有的手机实体店一起战斗——我们本来就在同一条战壕里，这正是我写这本书的原因，也正是我愿意将我所有的"做店"的经验分享出来的原因。

做店难，难到什么程度？在线上冲击、店租高企、经济大环境等多重因素的背景下，做店可以说是"九死一生"。在我看来，现在全国四万多家手机实体店，最大的问题就是大家没有品牌的概念，缺乏经营的原则。

现在的手机店，不管以哪种形态出现，从大卖场到夫妻店，大家都在"议价销售"，这是我们这个行业根深蒂固的顽疾。任何一个商业体系都不是完美的，很多人正是从这种"不完美"中捕捉到了商机，然而，这个商机就像鸦片，开始时让你兴奋，却破坏了整个商业生态，甚至最终造成难以逆转的悲怆结局。

大多实体店都会给店长一个所谓的"优惠权限"，以期通过这样的方式促进成交的数量，殊不知一旦这个权限存在，便很难做出品牌，确切地说是一定做不出品牌。顾客说，你便宜点我就买了，而如果你降价销售，顾客一定认为，应该再多降100元，因为在顾客心里，只有买错的，没有卖错的，商家永远有利润空间。

在人性的层面上，"议价"符合我们追求个人利益和价值的本能以及贪婪的本性，如果选择妥协，你就亲手毁灭了自己的品牌。顾客要的不是便宜货，而是产品好，服务有保障；顾客要的不是你给的优惠政策，而是规规矩矩地做生意。一个好产品，价值一元就卖一元，而不是九毛钱或八毛五，连带着一系列不确定因素，如果你给顾客"不确定的结果"，也就意味着你无法给你的顾客安全感。

品牌是什么？对顾客来说，品牌是一个符号；对企业来说，品牌是一种图腾；对我来说，品牌就是我经营怡秒优品的信仰。要坚守这个信仰，首先要做到明码标价，坚守底线。我们看路易·威登、古驰、爱马仕、香奈儿等国际品牌，哪一个不是明码标价？2016年，阿迪达斯出品一款叫暗夜精灵的跑鞋，发布价格为1499元，然而，一上市就断货，一双鞋最高被人炒到一万多元。然而，大多数运动鞋品牌都在做折扣、搞促销，价格一路下行，最终迎来的结果就是被淘汰。

做人要做人上人，做品牌要做顶级品牌。要做顶级品牌，你就要往上走，就要控价。我们国内手机领域的"老大"迪信通，在全国规模最大，店开得最多，最高峰时有将近四万家，也是连锁手机店行业唯一的一家上市公司。试问，如果从1993年第一家迪信通开业时就坚持"控价"原则，谁还有机会在这个领域与它抗衡？我认为，在国内的手机实体店行业，暂时还没有一家真正受人尊重的企业。有一次，在我们怡秒集团的员工大会上，我说，"控价"这条路，也许是条不归路，即使我们没有走下去，失败了，我们也会成为行业标杆。失败了没什么，大不了从头再来，但如果我们因为"议价"、"乱价",砸了怡秒优品的牌子,即使我们当下可能"活"得很好,十年后,我们会发现原来自己什么都没做,这才是真正的可悲与可耻。

苹果体验店是不议价的,基本款手机定价 5288 元,售价就是 5288 元。他们只卖自己的产品,提供自己的服务,倘若顾客认为别的地方能优惠,去别的地方购买,苹果店的工作人员也不会用"话术"的方式"挽留",他们让顾客自己去选择。难道苹果店不想赚钱吗?当然不是,没有哪个企业开店不想赚钱,只是再想赚钱,也不能没有底线,没有章法,在我看来,苹果店的做法正是"做品牌店"最为精准的打法。

当下,国产品牌开始崛起,这两年最显眼、最受消费者认可的就是 OPPO 和 VIVO,其成功的秘诀就在于厂商的控价能力。在这两个厂商制定的渠道政策中,如果经销商乱价,一经查实,罚款 5000 元。前一段时间,他们和每一家零售店签署销售协议,如果零售店乱价,一旦查实就停止供货。他们的销售主张非常直白:乱价卖一次,控价卖 N 次!显然,控价政策不仅让他们找到了在手机行业苹果和诺基亚两大巨头的强大压力下的生存空间,还成为他们快速发展的动力。线上,这两个品牌没有那么惹眼,但在线下实体店,这两个品牌已经悄然登上手机品牌前四名的宝座。

乱价的本质是什么?骗!比如苹果手机的市场价是 5288 元,如果销售员以

4688元的价格卖给顾客，卖出去后不仅店家没有利润，销售员也没有提成。于是，销售员就会变相地从顾客身上获取利润，相对于从事手机行业的销售员来说，顾客肯定是业余的，业余的又怎么能"玩"得过专业的呢？这就是"宰客"心理产生的源头，正是它将整个行业带进了一个恶性循环。

为什么有的手机实体店口碑越做越差？因为他们对N个顾客卖出了N个价格，为N个顾客卖出了N个级别的服务，他们没有标准，也无法形成一致，这样的经营模式又怎能形成体系，做出品牌呢？因此，在我看来，传统手机实体店的经营本质就是"忽悠"的商业模式，所谓的"降价促销"、"兜售配件"、"亏本甩卖"的本质就是骗术，有的甚至让整个销售过程复杂得像一场福尔摩斯探案，让顾客"云里雾里"。

什么是品牌？在我的商业意识中，品牌是一种尊严！产品不议价是一种尊严，顾客拥有自由选择的权利是一种尊严！

我认为，在实体店的经营中，所有议价销售的商业模式一定会被这个社会的发展趋势所取代，未来一定是明码标价。十年前，美国人托马斯·弗里德曼写的一本书叫《世界是平的》，他认为，世界的平坦化将改变每一个人、每一家企业的生存方式。当时，这本书毁誉参半，然而今天，他的观点就像一个准确无误的预言。现在，互联网的发展已经将地球"夷为平地"，人们获取信息的成本几乎为零，消费者随时随地都可以获取他们想要了解的信息、知识，他们对这个世界、对新兴产品的认识度越来越高，一旦商家乱价，消费者就可以一眼识破。

在品牌、价格一样的情况下，谁的服务好，顾客就会选择谁。顾客和品牌之间的关系远远不止买卖交易那么简单，身为实体店的经营者，我们不仅要站在自己的角度考虑问题，还要站在顾客的立场寻找品牌的真相。在顾客的心中，消费前、消费中以及消费后是同等重要的，准确地说，一个好的品牌就像一个人，而不是物，因此，品牌与顾客之间的关系不是物与人的关系，而是人与人的关系，是通过时间与空间的接触、良好的体验逐渐建立起来的。因此，做品牌店的本质并不是单纯地积累客户数量，而是想方设法地去与顾客产生有意义的互动，这是我建立怡秒在线的动机。当然，关于怡秒在线这个项目，在本书的最后一篇我将详细说明，我希望全国四万多家手机实体店都参与这个项目，因为这个项目虽然是由怡秒集团投资，但却不单单为我们自己而做，而是为我们这个行业，为所有的手机实体店而做。

怡秒在线让顾客和品牌建立起全方位的联系，在这个基础上，我们全国四万多家手机实体店才能形成品牌社群，当然，这需要我们手机行业内所有的经营者拥有共同的意识、共同的理念、共同的目标以及共同的责任感。只有四万多家手机实体店都不议价，我们这个行业才能进步，才能形成品牌。

实际上，不管是做通信行业的连锁店，还是做其他行业的店，其本质就是"做店"，就像日本的 7-11 便利店，不管顾客在那里买牛奶还是现做的咖啡、面包等，一定是新鲜的，因为只要产品过期或变质，一定会被商家处理，因此，顾客愿意在那里消费，他们买了放心，这就是成功的品牌操盘的典范。我们四万多家手机实体店的未来一定也是这样的，因为通过品牌取胜是商业发展的必然趋势，品牌是企业最大的资产。

当然，任何事物的发展与进化都需要一个过程，我们很多人做生意的方式还守着十年前，"摸着石头却不过河"，崇尚"捞一把就走"，做短线赚快钱。实体店不好做，是真的不好做吗？其实是这种"做买卖"的心态在当今的社会中已经寸步难行，这才是根本原因。

Chapter 03

当人才在你最需要的时候离开你

创业不是一个人的事情，一旦选择创业，不但你自己会进入一场需要你全力以赴的战斗，也必然会将你身边所有的资源全部都卷进来，家人、朋友、股东、员工、上下游的合作伙伴甚至客户。创业不是一场百米赛跑，而是一场人生的马拉松，你身边的所有人都可以说："我累了，想停一停！"只有创业者永远不能说这句话，所有的事情你都无法逃避，你只有撑住！

2012年，我们迎来了高速发展。正当我开始布局合肥第四家店的节点上，王敏来找我，她说，她的老公不想开出租车了，想和我们合作开店。在我看来，王敏本来就是怡秒的核心员工，未来一定是我们的股东之一，她的老公能进来是再好不过的一件事情。

在王敏正式入股合肥第四家店之前，我对她说，这家店和我们之前开过的所有的店都不一样，首先，它的面积比较大，有450平方米左右，如果我们只定位做苹果、诺基亚双品牌的专卖店肯定不合适，而且诺基亚一直在下滑。因此，这家店我们要尝试定位成多品牌的专卖店。实际上，那个时候，我们初尝在门头上挂双品牌的甜头，认为既然挂两个品牌可以卖，挂多个品牌一样可以卖！王敏认同这个策略，她见证了怡秒的从无到有、从弱到强，对未来，我们一样怀抱着美好的憧憬。然而，我知道，开店一定是有风险的，尤其是在我们还没有找准清晰、明确的定位时，于是，这家店依然以我为主，我们按照总投资额100万元核算，王敏的老公投资33万元，持33%的股份。

2012年10月1日，我们在合肥市滨湖新区的第四家店正式开业。当时，王敏并没有因为自己老公出来创业而快乐，相反，她很痛苦，因为她身在巢湖，心系滨湖。人与人的商业合作，在意向沟通阶段万般皆好，但一旦投了钱，就等于投了命。此前，王敏的老公一直在巢湖开出租车，他根本不知道怎么做店、怎么销售，而已经是这个行业的行家里手的王敏，只能在巢湖干着急。虽然这家店现在的经营情况不错，但在刚刚开始的时候却不太好，实际上，任何一家新店在开业前三个月，都需要摸索才能找准方向。然而，王敏等不了那么久，一个月之后，她对我说，她要撤股，因为和老公两地分居。按照常理，店刚刚开业，该投入的已经投入了，一方在这个节骨眼上提出撤股肯定是不合适的，但王敏毕竟是我的骨干，我就答应了她，然而，我没有想到，退给她 33 万元的全额本金后，她马上提出辞职。

王敏的离开让我很痛苦，她是我最用心培养的店长，两个毫无血缘关系的人，要做到"百分之百的信任"不是喊两句口号、经过几年的磨合就能做到的。然而，我知道不能强求，也不想多问她为什么要走。但是，她的离开让我认识到一个店长只能负责一家店，绝对不能再去投资第二家店，从此，我对这种投资方式画上了一个大大的叉号。

现在，怡秒的店长只能投资本店，不管这个店是新店还是老店。对店长来说，自己的店完全由自己做主，这家店能否盈利，有多大发展空间，是否值得投资，店长心里最清楚。而对我来说，如果一家店的店长投了资金进来，他一定会全力以赴做好这家店。因此，王敏的离开，归根结底是我和她的合作机制出了问题，我没有理由怪她。换作任何人，都会希望投资自己的店，如果我当时意识到这个问题，就不会发生接下来的事情，当时我没有想到，她也没有说。然而，这个世界上没有后悔药。

对我来说，尽管最初的创业仅仅是为了改变家族贫穷的命运，但是，当我真的迈出了创业这一步，并找到了奋斗的方向与真正的梦想时，我发现，我已经不再

超越梦想

局限于改变一家人的命运了。当我成功地操盘巢湖市场时，我的梦想是有一天能在合肥开店；当我实现了在合肥开店的计划时，我的梦想是有一天能在全省开店；当我在安徽省开了20多家店时，我的梦想是有一天能在全国开店。今天，怡秒在全国已经开了60多家店，我的梦想是能将怡秒成功的经验复制给全国四万多家手机实体店的创业者，帮助他们实现梦想，同时改变我们这个行业。

对我来说，这个梦想不是一句口号，不是因为我从事这个行业，就需要这句口号来装点自己，这是我们怡秒发展的方向，是我继续创业、奋斗的理由。是的，面对这几年市场的变化、互联网的冲击等，我也曾经迷茫过，有时候，我感觉自己就像一扁在汪洋大海中起伏的小舟，充满了孤独与痛苦，但每当我想起这个梦想，它就像一座在暗夜里明亮的灯塔，引导着我。

事实上，我相信每个在路上的创业者都是这样，创业就像在攀登一座山峰，每攀登一百米，你的体验、你的视野、你的格局都不一样。正是这个原因，当王敏找我说她的老公要投资开店时，我更愿意她去投资开一家新店，尽管有一些风险，但没有"赌博"性质的创业，不承担任何风险的创业能叫创业吗？那时候的我，所有的想法与行为都站在一个创业者的角度，一家已经盈利的店，为什么还要你来入股？实际上，这种入股的本质不就是"投钱占股与分钱"吗？我认为这种入股方式没有意义。于是，我让她去投一家新店，赚了就赚了，赔了一起赔。

事实证明，我的这种"自私"的想法是错误的。作为创业者，不论什么时候，处于怎样的处境，我们都需要给我们的员工、合作伙伴、投资人以安全感。创业充满风险，我们的目标是不仅要将这种风险系数降到最低，而且要让合作伙伴的风险系数降为零，只有这样，整个团队才能稳定，才能平衡。

因为我的失误，直接导致了我在最需要人才的时候，王敏离开了我。我曾经认为，她能够在最艰难的时候追随我，在未来她就能一路支持下去。我不喜欢用"空降兵"，因为一个心里装着公司、在意公司的发展、拥有责任心并且和公司一起成长的人是其他人不可比拟的。如果你的公司里有一个这样的人，请一定要珍惜，因为他抵得住十个新人。

很多人经过前一两年的创业期，准备扩张公司了，眼光就会向外看，在他们看来，"外来的和尚会念经"，公司内部解决不了的问题，外来者以及他们带来的文化与资源能帮自己解决。实际上，他们不知道这正是公司步入混乱管理的根源，原因很简单，有勇气创业的人本身就不多，倘若"外来者"真的有能力帮你解决当下的问题，他们为什么不选择那些大企业、大品牌，为什么不选择自己去创业？

有时候，我也感觉很无助，尤其是面对人才流失和人才培养的问题，但是，这就是创业，这是我们每一个创业者必须要面对的问题，这也是80%的创业失败的原因，因此，这是我们所有在路上的创业者必修的一堂课。如果你现在问我，为什么怡秒在短短的几年时间里能快速扩张？怡秒成功的秘诀到底是什么？我告诉你，作为怡秒的创始人，我做的事情和所有成功的创业者做的事情一样，就是找人、找钱和找方向，如果说我比别人多做了一件事，那就是培训！

"无培训，不创业！"在创业期间，我们遇到的所有问题都可以通过培训来解决，因此，我们必须快速建立起人才的培养机制，否则，用人危机肯定会给你致命的一击。如果有可能，创始人应该亲自把关选人，因为除了你之外，没有第二个人比你更了解公司的优势和劣势是什么，需要什么样的人才。我选人的标准比较简单，大致分为三点，第一是人品好，第二是有学习能力，第三是有事业心。具备了这三点，即使现在不是人才，未来也一定能成长为团队中的顶梁柱。

不仅通过培训的方式建立起人才培养机制，更重要的是要重用老员工。为此，我经常劝新来的人，不要总和老同事去比收入、比福利，因为你是新人，一旦我给你和老人一样的待遇，等于把你推到了他们的对立面。

Chapter 04

做店要敢于不断试错

一家店的核心竞争力到底在哪里？在过去的三年里，我们听到最多的莫过于实体企业的集体大败局，尤其是实体店，不论在北、上、广、深还是在二三线城市，处处都透着不景气，那么，为什么怡秒的店却越开越多？为什么我们能持续盈利？

怡秒在合肥的第四家店10月份开业，11月份，王敏撤资，然而，让我没有想到的是她紧接着就开了一个和我们一模一样的店面，应该是在元旦开业，和我们巢湖店之间只隔了三个店面。短短的三个月时间，我和王敏的关系由合作伙伴变成了直接竞争对手。

事实上，她辞职的时候，我大概也猜到一二，我对她说："你要自己去开店，我肯定不拦你，需要任何帮助你尽管开口！"

但当她真的自己开店了，而且把店就开在我隔壁，我其实还是有些恐惧的，因为她是我一手带起来的，熟知我们店里所有的情况。然而，让我意外的是，我们店的业绩没有受到任何影响。

为什么我们店的业绩没有下滑？而且更关键的是，王敏的新店生意也不错。难道巢湖市场的空间有这么大？于是，我就在她和我们店的中间又开了一家一模一样的苹果专卖店，面积大小、装修、陈列等完全一比一复制，结果，不但老店的业绩没有下滑，新店依然有生意，当然，业绩比老店差一点，不过依然处于盈利状态。

我应该感谢王敏，她的离开其实对怡秒的发展起到了巨大的推动作用。如果不是她在同一条街上开了一家跟我们一样的店，我根本想不到原来在同一条街上可以开多家店。是啊，为什么不能在这条街上多开几家店呢？

我本来就是手机卖场出身，首先，一个1000多平方米的大店的产出肯定比不上10个100平方米的小店的产出；其次，顾客都有"货比三家"的消费心理，他们对大卖场的认知就是"无论多大都是同一家店，逛完就走了"，但如果他们来的是一条"手机街"呢？从这家逛到另一家，实际上，每家店的客流量都在增加，但最终顾客会在其中一家店中消费，这样，几家店加起来，一定大于一家店的业绩。

虽然我和王敏的店在同一条街上，但我们之间却没有任何的恶性竞争。实际上，作为同行，我们可以称得上知己知彼。我毫无保留地教她我所有的关于如何做店的经验，因此，她对我知根知底，知道我一定不会打价格战。更重要的是她见证了我控价的成功，"专卖店不打价格战"的经营思想已经在她的心中根深蒂固了。因此，当她创业时，她非常清楚自己要做一家怎样的店。

这种经营思想的一致性导致的结果就是我怎样做店，她就怎样做店，完全1:1地复制。在我看来，这是对我最大的尊重，无论作为同行，还是合作伙伴与朋友，这种默契和真诚只有曾经在同一条战壕中奋斗的人才能体会。

后来，每次遇到业内发生重大事件或者经营中的危机，她都会找我沟通。2014年，我们在巢湖那条街上开了三家店，她的发展基本与我同步，当她开第三家店时，苹果公司出了一款苹果5C系列手机，这款手机的定位原本是针对中低端市场的，结果没想到不仅没有达到预期的效果，而且让整个苹果手机的销售体系受到极大的冲击。这种冲击对我们这种专卖店的影响最为直观，当王敏看到原先一直盈利的苹果手机市场萎缩时，她曾一度非常消极，她说，她看不出未来的方向。实际上，这比当年诺基亚从神坛上跌下的情景要好很多，我告诉她，这只是苹果公司对市场的一次测试与验证。

然而，不论是怎样的验证，任何一家公司、任何一款产品都不是自己关上门，在家靠自己的情怀做出来的，它一定建立在用户需求的基础上，一定基于对市场、对顾客深刻理解与把握的本源上。创业最奇妙的地方就在这里，市场每天都在发生变化，能适应并把握住这种变化的人才能获得生存与发展的资本。

我知道，怡秒一路走到今天，我们曾经遇到的困难与挫折必然是很多实体店经营者在过去、当下遇到过或在未来即将遇到的，只是有的人愿意睁开眼睛去接受这个现实，而有的人却宁愿死在过去的美好中。历史可能会相似，但现实绝对不会重复，我想告诉所有在路上的人们，不要选择在美梦中死去，哪怕现实再残酷，未来再艰难，因为这就是我们这个时代，就是我们这代人应该去面对与解决的问题，这就是我对"超越梦想"这一主题的定义。

当我和王敏在打造巢湖"手机街"时，这个领域里的"大佬们"看不懂我们这种思维，甚至根本没有认真思考过这个现象，也许，在他们看来，这只是四五线城市的一个"特殊现象"而已。不过，在我们发展最迅猛的时候，我们终于迎来了竞争对手，我相信，未来必然会有更多对手加入进来，未来的手机实体店一定会从大卖场转型为以优质服务为主导的品牌店。

我刚进入巢湖市场时，我的第一家店只有不到40平方米大小。当年，这个地区的手机实体店全部都是以大卖场的形态，仅迪信通在当地就有三家店：第一家就在中国邮政，金角的位置，占满了两条街的整个拐角，五六百平方米的面积看起来却像上千平方米，相当霸气；第二家在人民路的步行街，大约有100平方米；第三家店也有 80 平方米。

苏宁巢湖店的能量同样不可小觑,虽然仅有一家店。此外,还有当地的 958 手机大卖场和翔波手机大卖场,这两家虽然都是单店,但面积都有 300 多平方米,做得也是风生水起。

那个时候,我这家不到 40 平方米的小店,就像汪洋大海中的一条小鱼,别人根本不屑一顾。然而,当王敏和我各自开了三家店后,整个居巢区的手机零售市场的格局变了。试想,六家一模一样的手机店开在同一条街上,那是怎样的一种情景?

2011 年 8 月,国家的一纸行政命令让巢湖市一分为三,原巢湖市变为合肥市直接管理的县级市,因此,很多周边县城前来巢湖办事的人都去合肥了,经济萧条,很多实体店都难以为继,尤其是大卖场这种大面积、高投资的商业形态。经营者希望业主降低房租,而业主自然不愿意降低,最后,很多店家无法承受租金和市场环境的双重压力,只能关门。迪信通人民路步行街的店,就是在这一场风波中关店的。

迪信通关店的时候,正赶上移动互联网发展的时期,很多国产智能手机蜂拥而上,安卓系统就是在那时候兴起的。然而,迪信通依然还是用卖"功能型手机时代"的方式去卖智能手机,还是在打价格战,这必然导致它的生存情况越来越艰难。

此前,大卖场用诺基亚的品牌效应和自己的低价促销战略来吸客,从而实现销售其他高利润手机的目的,这种盈利模式倒是非常清晰,但是,当诺基亚"死"

了呢？难道你接着用苹果手机来打价格战吗？显然，苹果公司早就看穿了市场的动机，在它制定的游戏规则中，根本不会被当成牺牲品。

彼时，大卖场的经营者心中是迷茫的，新的利润空间在哪里？他们不知道。智能手机的兴起就像"定点导弹"一样，悄悄地击杀了一个又一个"功能型手机"厂商，面对市场对手机品牌的整体洗牌，很多人措手不及。

大江东去，浪淘尽，千古风流人物。一批品牌消亡的背后必然是新品牌、新势力的崛起，国产品牌OPPO手机和VIVO手机就是在这个时候异军突起的。这两个品牌不仅控价，而且控货，不允许经销商圈货，必须"当地采购，当地销售"，这和迪信通的"集团采购，分销销售"的策略产生直接冲突。厂商的战略很简单，就是不给经销商"倒逼厂商"的机会，而迪信通的模式决定了它必须采取这种方式攻城略地，这个矛盾至今也没有完全解决。事实上，OPPO手机和VIVO手机是不会妥协的，于是，迪信通的卖场上很长一段时间没有OPPO手机和VIVO手机。尽管有的城市的迪信通最终选择让步，允许实行这两个厂商的销售策略，但是，迪信通固有的思想依然没有改变，这才是矛盾与障碍的根源之一。

相比之下，像958、翔波这样的单店，因为"船小好转身"，在面对市场新变化时，它们只要遵守厂商的游戏规则，生存环境反而比迪信通要好很多。直到2014年，迪信通才开始逐渐调整策略。实际上，国产品牌VIVO手机和OPPO手机已经给迪信通上了一堂价值不菲的市场课：未来的手机市场不再是渠道为王，而是品牌为王。

智能时代的来临改变了整个商业格局，一切从2011年开始，就在潜移默化地发生着变化。今天，我们创业、获利的方式已经和过去五年、十年完全不同。一台手机，它的定价方式没有改变，但是它的销售方式、审美方式，它的消费群体发生改变了，它的使用方式甚至产品本身也发生改变了，难道我们还固守过去的方式在这个已经产生质的变化的行业中苦苦经营吗？

这是个变革的时代，我们原来的很多经验在当下都已经不再适用了，然而，作为创业者，我认为我非常幸运，正是这个变革的时代打破了自20世纪90年代以来形成的传统市场形态，正是这个变革的时代击穿了所有的传统行业，正是这个变革的时代给了我们前所未有的机遇，让我们有机会实现梦想、超越梦想。身在其中，你能感受到其间的汹涌澎湃。

短短的几年时间，迪信通的主要竞争对手已经不再是苏宁、国美，而是那些拥抱厂商、适应当下的个体店、专卖店。大卖场的很多工作人员连基本的苹果在线商店的使用都不会，而专卖店的普通工作人员因为受过专业的技术培训，不仅技术娴熟，能帮助顾客解决基本的手机使用问题，还能站在顾客的角度，帮他们解决一些别的问题。比如我们怡秒优品有一款定制的爆品颈椎按摩枕就大受顾客欢迎，在人们越来越离不开手机的当下，按摩枕不仅可以保护长期"低头"的手机一族的颈椎，还可以起到保护视力的作用。我们不仅通过培训让怡秒优品的所有一线销售人员对这款产品的特性了如指掌，做到对每一家门店该款产品的陈列方式完全一致，甚至连摆放的角度、高度都一样，而且有些销售人员甚至学会了颈椎保健操，试想，一家手机店的员工，不再纯粹地去推销某款手机，而是关怀顾客的健康，这样的员工、这样的门店怎么可能留不住顾客呢？

当将标准化、专业性的服务做到顾客内心的时候，我们根本不用担心经营利润的问题，这样的定位实际上和高端品牌手机厂商的市场定位非常接近。以我们怡秒最早起步的巢湖市场为例，目前，怡秒优品的苹果手机销量已达到苹果手机在巢湖市总销量的百分之八十。当然，论销量，怡秒优品无法和大卖场比较，因为我们推的品牌比较少；论品牌，怡秒优品在消费者心目中绝对是第一名。

做店到底做什么？我认为答案只有一个，那就是品牌。那么，一家手机店的品牌的关键又是什么？就是你对顾客的理解。

顾客是一个人，有血有肉、有思想、有见识，顾客不是教科书上那些既定方案中的道具。然而，我们太多太多的营销策略以及广告都以我们过去的经验为基础，比如我无数次谈到的"议价销售"，试问，现在全国46000多家手机店，有多少家现在还在用这个已经"落伍"的销售策略呢？但是，对它们来说，倘若"不议价",又怎能吸引顾客呢？显然，它们并没有真正地了解现在的顾客，没有理解他们内心真正的诉求。

现在已经过了 2017 年 4 月份，很多行业第一季度的分析报告都即将出台，在这些报告中，很多时候，消费者都被平均化、数据化了。其实，你面对的顾客群体绝对不能用平均化的数据来理解，如果想要在来年取得突破，你就必须搞清楚你的目标群体到底是哪一类人，再针对性地启动你的经营策略。

Chapter 05

怡秒优品的品牌主张：控价

品牌到底是什么？心理学家马斯洛将人的需求按照不同阶段分为两个层面，第一个层面代表了功能性层面的需求，即生存、安全感、归属感；第二个层面代表了情感和精神层面的追求，即自尊、自我实现。我们讲品牌，其本质上分析的就是如何满足人们第二个层面上的追求。

我们购买一款手机的动机，总是出于物质层面和精神层面的两大需求，从物质层面上看，我们选择这款手机主要是基于对其本身的认同，包括其功能、质量、价格以及包装等，那么，在数十家厂商、几万家手机店中，我们为什么要选择在怡秒优品购买某款手机呢？这个时候，我们对这款手机的需求就要建立在精神需求得到满足的层面上了。这就是为什么有的人使用手机一定要用苹果最新款，购买手机一定要来怡秒优品的原因。如果怡秒优品不能满足顾客的心理需求，就算产品再好，顾客也不会有强烈的购买欲望，实际上，这就是品牌的真相。

品牌可以唤醒顾客心中真正的需求，因此，它必须高于产品本身，这就是我们打造怡秒优品的秘密。换句话说，我们要做的不再是将顾客领进门，引导他们购买某款手机，而是和顾客建立起心灵层面上的连接，和顾客能产生心灵互动。不要以为这个经营愿景听起来有多么"以梦为马"，实际上，这正是我们实体店未来生存与发展的唯一途径。

我举个例子，哈雷摩托诞生于1903年，为什么100多年后，在汽车工业高度智能化的今天，它还能在155个国家拥有66万个固定会员呢？在很多美国大片中，我们经常会看到这样的场景：一群勇猛的牛仔稳稳地坐在哈雷摩托的真皮座上，双手扶着高高耸起的车把，发动机发出一阵阵猛烈的咆哮声……这是男人们最向往的生活以及最为幸福的时刻。显然，哈雷摩托已经成为男人们的一种精神图腾，一种与众不同的生活方式，这就是精神的力量，也正是品牌的真相。同样，著名企业家王石代言的8848手机也是采取这种贴近消费群体内心独白的广告语：敢为天下先。这与创业者们勇于拼搏的精神内核高度一致。

我做了这么多年的店，服务了这么多的顾客，当我创业时，选择做专卖店，正是立足于品牌。最初，我做诺基亚手机专卖店，我们的品牌属于诺基亚；后来，做苹果手机专卖店，我们的品牌属于苹果，但从始至终，都未有属于我们自己的品牌。然而，谁也不可否认，这些在怡秒优品购买产品的用户难道不是我们店的用户吗？既然是我们的用户，我们为什么不针对我们的用户做自己的品牌呢？

于是，我决定在巢湖市场做一个测试，将原先的店面打着的苹果专卖店的招牌取下来，换上我们自己的招牌，我要将"苹果"从顾客心中消除，取而代之的是我们怡秒优品的品牌与服务。

事实上，我非常感激我们的这次"测试"，后来，苹果手机销量严重萎缩，很多苹果手机的用户都转向其他品牌的手机，用户不再像原先那么疯狂，非买苹果手机不可。在这种情况下，如果我们依然选择做苹果手机专卖店，无疑是火中取栗，就像当年我们开始做诺基亚专卖店一样，一夜之间，满大街的人手里都拿着苹果手机，而我却在苦苦坚持着一家诺基亚品牌专卖店。

当年，苹果击倒了诺基亚，也许有一天，诺基亚仍然会重回荣光。市场每天都在变化，今天，苹果虽然没有倒下，但却一直在下滑，也许有一天，苹果也会像当年的诺基亚一样，也许对手是一个，也许是众多手机品牌的联合体，比如国产品牌的华为手机、OPPO 手机、VIVO 手机等。从零售市场的角度，对我们手机零售商来说，苹果专卖店模式在未来一定不可行，如果我们不改变，一定会死，然而，我们冷静地看看周围，有多少做手机店的朋友还在坚守着做苹果手机专卖店？生存状况究竟如何？

实体店为什么要做品牌？因为我们做店的根本目的并不是为了赚取一台手机的差价，当下早已不再是赚差价的时代，怡秒优品之所以能生存，正是因为我们时刻站在顾客的角度，了解他们的需求到底是什么。在我看来，做店最大的风险并不是来自竞争对手，也不是来自我们所选择销售的产品，而是顾客的需求，如果有一天，怡秒优品已经无法满足顾客的需求，我们也就失去了存在的阵地。站在这个角度，怡秒优品的品牌究竟怎么做？简单地说，就是我们所做的一切都是为了满足顾客的需求，甚至超越他们的预期。

实际上，绝大多数传统的手机实体店是没有品牌的，形象、标识都是厂商的，零售商就是一个空架子，售前、售中、售后等基本上都是属于厂商的，比如OPPO手机，厂商来解决购买OPPO手机的消费者的问题，因此，在消费者眼里，实体店只不过是一个中介，没有什么品牌可言。虽然消费者到你的店里面去购买这个产品，但对你的店面的认知度和你的品牌认知度为零。我认为，这是手机实体店最为致命的问题之一。

其次，实体店以价格战来吸客。这几乎是所有的传统手机实体店共同的盈利模式，持续了十几年，然而，在我看来，这个模式必然会被时代所淘汰。现在，消费者为什么会选择在网上购买3c产品(通信产品、电脑产品、电子消费产品的简称)，不是他们不愿意在线下购买，而是在实体店被"忽悠"够了。

我认为，标准的手机实体店应该以标准的价格规规矩矩地卖产品，包括售前、售中、售后，全程提供标准化的服务，这才是经营的正道，这也是怡秒优品从成立以来一直所坚持的道路。

对于厂商来说，我们减轻了他们售后的压力。实际上，几乎所有的厂商都是愿意将这一块"抛出来"的，因为这样无疑会降低他们的成本。消费者需要的是正规、标准的服务以及多样化的购物体验,这既是怡秒优品的终极目标,也是厂商的要求。然而,绝大多数手机实体店根本做不到这一点,不是不想做,而是心有余而力不足,但对消费者来说,他们需要的就是一种安全感,消费者花了钱,就是希望能够放心地使用产品,当产品出现问题的时候,有人积极地帮他们解决问题。

因此,怡秒优品就是要打造这样一个解决消费者、传统手机实体店、厂商三者"痛点"的样板店,我认为,这也是所有的3c产品实体店未来的趋势。

首先,在这个店面里,以"忽悠"来拉动利润的形式会消失;其次,它有非常明确的目标用户定位,那就是18至45岁的女性,这个群体的女性是时尚、潮流的代名词;第三,消灭价格战,取而代之的是标准化的品牌零售店模式,我认为,品牌等于控价。只要坚持好这三条,不论面对线下的同业实体店,还是线上店,我们都不需要拼价格,道理很简单,用品牌来驱动消费。在我看来,这就是怡秒优品的品牌个性,实际上,创业这么多年来,这个性和我本人的个性一样,在做店的过程中,我做的每一个决策都和我的个性、习惯紧密相连,都和我的经历、思维有关。一个人,不正是因为经历、背景、走过的路组成了一个完整的人生吗?

在这种模式下,因为我们不打价格战,每卖一台手机的价差利润比传统的都要高,随着消费者对品牌的认知,3c产品以及配件的利润会随之提升,此外,我们还有怡秒在线带来的第三块服务利润。这种标准化的品牌运营的模式令消费者有一个认知,原来手机通过这样的途径购买才是规范、放心的。当手机市场回归平静,消费者回归理性,不再为买一款手机去"卖肾"、"彻夜排队"时,他们内心真正需要的是来自品牌实体店的购物体验。怡秒优品一定是未来3c产品实体店的趋势。

怡秒优品为了打造这样一家店,组建一个庞大的、标准化的、流程化的公司化运营团队来解决从产品上架到售后的全流程问题,目前,只要有怡秒优品实体店的地方一定有我们的专职工程师,有的地方甚至配两三个工程师。

目前,只有苹果体验店的模式和我们相似,当然,苹果体验店的利润空间比怡秒优品高,因为有苹果公司自家的产品利润支撑,同时还有来自其他品牌产品的利润支撑。此外,苹果公司在一些城市也开放了一些第三方专卖店,但为了避免对苹果体验店品牌的损害,公司为其设计了另一套标准。

对怡秒优品来说,我们要做的,不仅是苹果产品,还有我们为消费者精选的产品,正是基于这样的定位,我们开发了怡秒在线平台。

在互联网时代,一台苹果手机,在不同的平台上的差价一般不超过800元,因此,如果你想获利,必须要有传统做店模式之外的利润空间,这个利润空间就是服务,这也是怡秒在线平台的源起。它不仅能帮助顾客提升服务品质,更能帮助企业、帮助店家带来新的利润点。

基于消费者的层面,我希望通过怡秒连接来提供更多行之有效的服务;基于商家的层面,我认为实体店的未来必然不再是单店作战、连锁作战,而是联盟,不仅是同业联盟,而是异业共生,最终形成一个商圈的共生系统。

我举个例子,我是卖手机的,你是卖儿童玩具的,我们的店在同一条步行街上,我们能不能联盟?我的客流能不能导到你的店里去?购买我的手机,成为我的会员，能不能在你的店里同样享受会员待遇？

我开始写这本书的时候，怡秒在线的项目已经上马一段时间了，我曾咨询了很多互联网行业的资深老师，比如润米咨询的创始人刘润等人，在这个过程中，怡秒在线也经历过多次测试，我明白，要干成这件事情，单纯靠怡秒一家公司是不行的，它需要所有正在寻找未来与突破的手机实体店，需要所有行业的实体店创始人一起来运作。

做店的你，有没有想过，实体店的未来到底在哪里？当淘宝一天的销售额突破了1200亿元，当京东全年的销售额超过了9000亿元，我们的未来到底在哪里？你有没有想过，淘宝是由多少个商家、多少个互联网创业者组成的？京东上又成就了多少个品牌？我们实体店的未来到底在哪里？我们的品牌真相到底是什么？

做店十多年来，不论是在迪信通打工，还是创业，我都遇到了太多的问题，我到处求医问药，拜访了很多家企业，最后得到两个字——格局。我们在未来能做多大，完全在于我们的格局有多大，在于我们能成就多少人，正是这个原因，我愿意用怡秒在线的方式将我们怡秒所有的资源拿出来分享给同业、异业，我愿意用出书的方式将我做店曾遇到的困难和解决方法分享给所有做店的人，我想，这也是我的人生价值所在吧。

有些人认为实体店没有未来，面对高涨的店面租金、人员工资、税收等成本以及当下商品过剩、价格透明、选择多样、竞争激烈等情况，消费者为什么会选择你，而对其他视而不见？实际上，2016年的一条新闻足以证明这个观点是错误的，服装品牌 ZARA 创始人阿曼西奥·奥特加以 795 亿美元的资产超越比尔·盖茨，成为世界首富，据统计，他的个人财富相当于 3 个马云。

不仅 ZARA，我们看优衣库、无印良品等品牌是不是做得有声有色？很多业界专家都在找原因、找答案，但所有的答案最终都指向一点：品牌离消费者的距离。我认为，这才是实体店成败的关键，也是实体店品牌的真相。

毫无疑问，我们当下的时代应该是最好的商业时代，几乎每天、每个小时、每分、每秒都有新产品、新技术、新商业模式涌现，而发生这一切的根源在于人们的需求，谁能抓住需求点，谁就能生存下去。我举个例子，现在一二线城市遍地都是摩拜、ofo 自行车，那么，曾经的自行车品牌如永久、凤凰去哪里了呢？曾经被炒作的那些智能自行车品牌去哪里了呢？显然，这些共享单车解决了人们出行最大的痛点：便捷！相反，为什么那些代表高科技、看起来符合当下潮流的智能自行车反而受到冷遇？答案就是这些产品离用户的需求太远了，人们短途出行、接驳地铁的需求就是便捷，而不是"高高在上"的智能化。说得更加直白些，一辆自行车又能智能化到哪里去呢？

这实际上就是很多创业者的误区，我们的预想、产品、商业模式离用户的需求太远了，用户在河对岸，而我们在做的却是河这边的事情。这也是我为什么一直坚信零售的未来一定在线下、在实体店的根本原因，道理其实一说大家就明白，实体店每天和用户在一起，我们每天都和用户在一起。

在当下，我认为手机实体店必须要做好两件事情：第一，做好品质。我们怡

超越梦想

秒优品将产品品质作为做店的第一要素,从我们店里出去的产品,不能出任何问题;第二,做好服务。零售行业以细节取胜,大家比的是硬功夫。无论商业社会怎么变化,竞争激烈到何种程度,消费者对产品的诉求、对企业的诉求都不会发生改变。

基于服务的角度,怡秒在线可以服务更多的用户,也有助于增加实体店面的利润。但是,这个服务涉及的面太广了,不是某一个企业、某一个团队可以做到的,它需要同业、异业甚至整个商圈的联盟。互联网时代的创业需要我们打开思维去拥抱新生的事物,不要以为互联网会颠覆什么,它不会颠覆谁,反而,它能将我们带到更高的高度。

线上的成功一定基于线下,虽然怡秒在线 APP 的开发成本很高,至今我们依然在不断测试、更新,但是,比技术问题更难的是运营。它需要一个强有力的团队将商家连接起来。因此,我们不仅要服务好消费者,更要服务好怡秒在线上的所有商家,让商家也能通过怡秒在线的 APP 获得新的利润增长点。以王敏的店为例,现在,她的利润来源于价差、配件,但她可以通过销售怡秒连接来获取服务利润。

我们对怡秒连接的定位非常明确:为消费者提供与众不同的服务而存在。如果消费者感受到了它的价值,愿意花钱购买服务,那么,实体店就增加了新的利润点。在这一点上,我和美团的创始人王兴的观点一致,他曾说,钱是消费者的选票,消费者的每一次消费都是用钱投票,唯有更透明、更公平、更好的服务才能长久地吸引消费者。显然,王兴的这句话给他的美团网做了一个非常好的定位。

然而,对怡秒连接来说,我们的使命比美团更大。互联网对实体店的集中轰

Part 4 做 店

炸体现在2013年，和众多实体店的老板们一样，我也很焦虑。那一年，网络上有一张照片：北京中关村的一家卖场空无一人，大大小小的经销商全都撤柜了。事实上，这里曾是京东网的创始人刘强东开始起步的地方，十多年前，刘强东在这里租下一个柜台，卖打印机耗材、光盘等，如今，他成为众多3c产品实体店的掘墓者。

怡秒的未来究竟在哪里？全国四万多家手机实体店，有多少家能突破互联网的围剿呢？也许，怡秒的昨天和今天发展得不错，但是，我们的未来在哪里？三年、五年后，我们又在哪里？

手机实体店面临着破局的命题，传统的连锁经营、快速开店曾是怡秒最大的优势，但是我知道，过去的路越容易走，未来面临的阻力就越大。今天，如果怡秒优品能成功，则为四万多手机实体店走出了一条通往成功的康庄大道。

这个板块的内容，让你有什么感悟？

Part 5

联盟，实体店的未来

实体店的危机并非来自互联网，而是整个时代

怡秒优品凭什么能赢

怡秒优品没有秘密，只有培训

好内容是新商业的入口

创建怡秒在线的初心

Chapter 01

实体店的危机并非来自互联网，而是整个时代

你在百度上搜"实体店亏损"，至少能弹出200万个相关结果，甚至还有详细的"阵亡名单"，也有经营了十几年的老店关张的消息。实际上，任何一个与"传统"相关的行业都在变革。变革并不可怕，创业的本质就是不断地自我否定，在危机中寻找机遇。

当下，手机实体店同业之间的竞争已经告一段落了，接下来的问题是怎么做才能"跑"起来，答案就是"负重奔跑"。现在，单店模式要生存下去，首先要颠覆过去的很多形态，在同一个商圈内，不仅需要同业抱团，还需要同其他行业相结合，做到流量共享、信息共享，这种基于社会本质的变革便是商业联盟的根源。说

得更直白些，我们做店的目标不再只是优先地、最大限度地满足自己的利己主义思维，而是一种优先考虑同业、异业、消费者需求的利他思维。根本原因在哪里？在于我们现在的社会本质是信息，而不再是产品，产品你可以独占，就像黄金可以保值，但是信息能保值吗？信息必须要通过传播、共享才能产生价值，你可以把黄金放在保险箱里，但是你能将信息存在保险箱里吗？

我用了整整一年的时间写这本书，与此同时，在写作的过程中，我也在深深地反思，过去的十年中，在我们身上，在我们周围的人身上到底发生了什么？为什么有的人通过一条短视频甚至60秒的语音就能斩获亿万资产，为什么有的人在一个领域里辛辛苦苦耕耘几十年，到头来却两手空空，实际上，这就是信息时代的思维模式与传统的商业思维模式之间最有趣的差异。

我有一个做纸质书出版的朋友，在出版业内已经干了14年，创业也有6年了，但公司营业额却始终徘徊在1000万元左右，我问他净利润能做到多少，他说，不亏就算赚钱了，还算什么净利润。我真替他捏把汗，果然，2016年，他投资的一套168册的大部头著作不仅让他原本就不充裕的现金流断裂，而且彻底打散了他的团队。做公司，做的绝对不是情怀。2004年，他在北京大学的老师告诉他，做图书不如去淘宝开个店，他没有做，十年后，某著名奢侈品网站的创始人告诉他，做纸媒不如转战网媒，他没有做，直到现在，他才幡然醒悟，原来他用了14年才明白一个道理，要跳出你的固有的思维，才能找到自己真正要走的路。创业者永远不要尝试为自己和自己的企业打造一个安全港，因为根本没有安全港，只有不断出海，在出海的过程中打造、磨炼自己和自己的团队，才能做到适者生存。

一切都在变化，从表象上看，是从传统经济到互联网经济的转变，是从实体经济到虚拟经济的转变，是从实体产品到视觉体验的转变，是从个体经济到平台经济的转变，正是这些剧烈的变革，让很多人无所适从。有人总结说，电商平台就是批发PPT的平台，说得更直白些，互联网就是卖PPT，因为你不知道消费者离你有多远，而决定消费者能否购买的首先就是你能通过图片带给他们多少视觉冲击，通过文字带给他们多少思想共鸣，通过视频和音频与他们有多少情感共振，站在这个角度，所有的企业都将是PPT的企业，说得更直白些，未来，对所有的企业来说内容最重要。要创业，首先要打造好内容。

这样，可以推测，原先以卖产品为核心的打法将转移到消费者体验、服务上去，消费者不再为了某种产品花钱，而是通过花钱来建立更加互动的关联，我们讲的"好内容"就产生在这些互动和关联中。举个例子，OPPO手机的"充电5分钟，通话2小时"的闪充技术广告语就是一个爆点式的好内容，显然，这不再是千篇一律的产品说明书，因为消费者不再关注这些，他们需要的是与新技术的联动。这种联动越持久，产品的生命周期就越长，也就越有价值。比如卫龙辣条，在此之前，我们根本无法想象一根普通的辣条在现代商界能走这么远。

为了实现这个目标,企业在打造好内容的基础上,就要提供真正的好产品,并不断追求改进性能和质量,消费者在经历过多轮的PPT轰炸之后,更加偏好于能够细水长流的产品和商铺。

基于此,要做一家好的实体店,首先你要看得懂好内容,其次,你要能炼出火眼金睛,找到好产品,最后,你还要能判断出产品能长期销售的本质。只有这样,才能获得消费者的信赖,这就是怡秒优品的商业秘密,如何让消费者爱上你的店,让他们在这里与你发生关系,让他们在这里找到属于自己的个性化表达,等等。如果你做到了这些,你会发现,当下所有的内容平台都能成为你营销的工具,你所有的顾客都能成为你免费的营销代理人。

怡秒优品要做的不仅是向消费者提供优质的产品与服务,更重要的是建立一个消费者与消费者、消费者与我们、消费者与产品之间产生联动的平台,这是我们的未来。因此,我们开发了怡秒在线。

怡秒在线提供的服务具体包括两个方面:一是基本服务,围绕手机本身展开;另一个是生活服务,包括吃、喝、玩、乐、衣、食、住、行、购等。目前,我们依然以挖掘基本服务的属性为主,比如手机维修、保养、配件、换购等。消费者只要成为怡秒在线的会员,不论在哪家店购买手机,也不管在哪家店购买我们的会员服务，都能享受怡秒不同会员级别的服务。比如说，智能手机最容易损坏的就是屏幕，一般来说，一个苹果 7 手机的屏幕需要 1000 元到 1500 元不等，而且有些维修店给消费者换的不是正品屏，这是业内现状。2015 年，腾讯科技曾刊登消息称，成都的一位顾客在迪信通指定的第三方维修点更换她的苹果 6 手机屏幕，连续换了五次都没换好，后来，经核实，该维修点属于迪信通外包的第三方维修点，并不在苹果官方给出的授权服务商名单中。后来，迪信通给腾讯科技发声明，迪信通承诺负责顾客换屏幕的所有费用，并对顾客给予奖励，以后会在全国范围内严查这样的行为。但声明再诚恳，这件事对迪信通的品牌伤害无疑是巨大的。

怡秒的核心竞争力，就是帮客户解决这个问题。然而，我现在最担心的是消费者的认知问题。在手机实体店行业，还是存在着很多"隐性交易"，只要消费者被这种"隐性交易"欺骗过，他们就很难愿意再相信你。

实际上，我也曾深入地思考过这个问题，对怡秒在线提供的服务，不仅消费者有顾虑，联盟中的合作商必然也有同样的顾虑，比如假如有一天怡秒优品不干了，他们怎么办？或者如果他们推销怡秒在线的会员服务，是不是意味着将自己的客源导入怡秒优品了？

果然，我发现在那些有我们怡秒优品直营店存在的商圈，就很难形成联盟，虽然没有和我们联盟，但他们却学会了我们"卖服务"的方式，只不过不是通过系统、工具的方式，而是采取最为传统的办法，比如在给消费者的收据上写个承诺条约等方式；而那些已经形成联盟的商圈，几乎都没有我们的直营店。

现在，我也在思考，怡秒优品到底要不要在那些已经和我们联盟的商圈开店，如果开店，应该怎样才能保证和我们形成商业联盟的同业者的利益。实际上，夫妻店、个体户本身也做不了品牌，但跟我们联盟，会让他们活得很好，无论短期还是长期。因为长期下来，他们会变成我的加盟店，但在客户眼里，那就是直营店。对于和我合作的这些商家来说，基本是没有风险的，我们的合作，一定会让他们赚得比原来多，而且是持续性的。虽然零风险的承诺，我们现在做不到，因为市场是在变化的，但凡与我们联盟的客户，现在我们保证给他净利润30%的增长，如果没有达到，那就直接中止合作。我没有帮助到你，这样的合作就没有意义了，这是承诺；对于已经形成一定规模的区域实体店，我们争取成为股东、合伙人，未来，不论大小，不论同业还是异业，要生存下去，我们唯一的路就是成为命运利益联合体。

只有联盟，才能解决实体店面的盈利问题。有人担心，这种联盟会不会以牺牲自己的品牌为代价？显然，这种看法并没有真正理解联盟真正的力量。在时间的洪流面前，品牌是什么？我们就谈一下近100年诞生的品牌，有没有哪个百年品牌到今天还做着100年前的事情？显然，没有！反之亦然，那些生存下来的百年品牌哪个不是与时俱进的？即便有悠久的历史，如果不能做到与时俱进，再知名的品牌也会失去存在的意义与价值。

我们为什么要做品牌？我们做品牌的终极目标在于对客户的满意度进行持续的经营。作为 3c 产品实体店，我们要用联盟的方式将强势的、清晰的品牌形象深深地刻在消费者的脑子里，影响并超越消费者的预期，进而保证消费者做出精准的购买决策。尤其是在消费者购买之后，对于使用中出现的问题，如果品牌能够迅速给出回应并给予解决，这无疑是再次加深了消费者在第一次决策时的印象，这个时候，就是品牌与消费者之间产生深度连接的时刻。反过来，在同一个联盟中，如果消费者对品牌具有较高的满意度，在自媒体时代的今天，他们可能会成为品牌最忠实的代言人，他们会向自己的亲朋好友推荐自己所满意的品牌，从而形成品牌联动，而这正是怡秒在线所追求的终极目标。

Chapter 02

怡秒优品凭什么能赢

做店就是做人,这句话是零售行业的一句真经。一家店能否打赢,能否生存并且发展,几乎完全依赖于这个店的团队能力,因此,如何选人、用人、育人等,是每一个实体店创业者的必修课。与此同时,我认为,怡秒优品的核心竞争力就在于我们拥有一个能打硬仗的好团队。那么,我是怎么打造团队的呢?

最初的时候,我打造团队的方式非常直接,就四个字——言传身教。一开始的培训都是由我一个人来做的,后来,随着店铺数量和团队人数的增加,我就针对骨干成员,专门教他们如何培训。在怡秒优品,这种中层的培训频率一般是每周一次,通过线上的培训会议达成。

其次,要适当放权。我们做管理的目的是什么?并不是管人,也不是管事,而是为了育人，因此，只有放权让你的下级去做，去亲身体会，他们才能真正成长。在怡秒优品，店长每天早上要组织晨会，而跨区域作战的现场，一定是由当地的区域经理或者省经理亲自去做培训的工作。

  第三，怡秒优品每个月召开一次内部新品发布会，届时所有地级市的店长、区域经理、省级经理都要到合肥总部参加，不仅针对新品，同时根据市场情况针对所有产品的营销方式进行调整。怡秒优品主打品牌手机，和大卖场不同，我们做的是品质，因此，我们必须选一个定价区间，抛弃另外一些价位区间，于是，怡秒优品的定位是价格2000元以上、精挑细选的手机。所谓精挑细选，首先，返修率是我们考核的第一个指标，其次，就是用户的使用体验。目前，符合怡秒优品的这个标准的国产品牌有VIVO、OPPO、华为、8848等，此外就是苹果的全系列产品。

  我们挑选的产品基本上和消费者的认知是匹配的，在怡秒优品的营销词典里，绝对不能让消费者说一个"不"字。2016年，为开发新产品我们专门组建产品部。此前，我们没有人专门去做新产品开发，这个职能由采购部来做，后来，我亲自抓产品，现在也是我亲自负责产品部门。比如三四月份是旅游的旺季，我们会开发一组出行套装，包括自拍杆、摄像头、防盗手机壳，在严格把控质量关的情况下批量采购，降低成本。这样，一方面让利给消费者，另一方面让利给怡秒优品的一线员工。

  很多人想不到，一个做手机的实体店会在最重要的位置摆设颈椎矫正器，然而，怡秒优品真的这样做了，不仅如此，这款产品还成了我们的爆品之一。

  在大多数人看来，颈椎矫正器通常只有得了颈椎病的人才会去买，一般也只在药房和医院出售，但我们经常低头看手机，很容易形成颈椎疾病，未来得颈椎病的人一定会变得更多，很多人有心购买，却不知道除了药房和医院，还能去哪里买。于是，我们在收银台做了一个展示颈椎矫正器的东西，这就像人们逛完超市，结账的时候，买个口香糖一样便捷。为什么现在"低头族"会有颈椎病？本来我们使用手机的频率并不高，随着手机智能化，人们越来越离不开手机，我相信，不久的将来，手机会成为人们的"第三只手"，甚至会成为人工智能化、机械化的一个入口。

今年是智能手机的第七年，有人已经患了严重的颈椎病。我想，如果我们不普及健康使用手机的观念，再过几年，也许会有大批的人得颈椎病。怡秒优品基于这个观点和消费者产生互动、连接，推广颈椎牵引器，站在营销的角度，这种先入为主的方式叫终身锁定用户，同时也是将品牌人格化表达的途径。

在怡秒优品，每一款新品的推出，都必然伴随着一系列的营销动作，从产品上架那一刻起，其实就已经决定了结果，因为产品即内容，内容即服务，服务即体验，体验即营销。如果你的营销给顾客正向的记忆，那么，这个产品就会受到欢迎，反之，如果你给顾客留下的是负面的记忆，这个产品肯定会被顾客抛弃。因此，你要知道你的顾客、你的对象是谁，你要找到与顾客连接的路径。

怡秒优品的目标客户是18岁到45岁之间的年轻女性。我曾看过一个研究报告，在国外，到实体店购物的消费者中，女性客户所占比例比男性要大很多。原因是男人总是没时间逛街，而女人挤出时间也要逛街。如此一来，在街上逛的大部分是女人，男人的东西也基本都是女人买。成功的零售品牌定位基本上都是女性，比如屈

超越梦想

臣氏，它的定位跟怡秒优品相似，它不卖男士的东西吗？卖！但基本上都是针对女人来买。如果你仔细观察，你会发现爱马仕、香奈儿等奢侈品基本上也都是女性去消费。此外，现在的中国家庭越来越呈现女人当家做主、掌握财政大权的趋势，比如我的家里，我的衣服、鞋子都是老婆帮我去买的。阿里的创始人马云也经常说，我们要讨女人喜欢。

正是这样的定位，怡秒优品的店面装饰、商品陈列等都是围绕着18到45岁的时尚女性群体设计的，我们要做到让女人看到怡秒优品就会喜欢，就想进来看一看。

我们产品部的团队成员都是比较新潮的年轻女性，她们都很喜欢看电影。在我看来，所有的流行和趋势以及即将要流行的元素都在电影里。所以，看电影的人一定都是不落伍的人。当然，除了电影之外，还有相关的展会。怡秒优品产品部门的工作流程非常直接、高效，她们将获取的产品信息做一个报表，通过邮件的方式不定时发给我，因此，直到今天，我依然是怡秒优品的产品经理。

一般情况下，我们会在每个月的最后一个星期召开新品发布会，为了赶在发布会前做出新品，我们必须提前研发、生产。有的爆品，为了赶上旺季，我们可能一个星期就到位，当然，有的产品可能是一个消费趋势，但热度还不够，我们拿不准的，也会先拿去测试。

对消费者来说，新品的诱惑是巨大的，特别是女性消费者，她们对时尚的追求已经到了一种狂热的地步。怡秒优品推出的新品必须坚持三个原则：第一，它必须够"潮"，"潮"到能够引领一种新的生活方式；第二，它必须属于通信行业生态系统的一部分；第三，它必须足够实用。在这三个原则下，怡秒优品才能在瓶颈中脱颖而出。

新品要"潮"，要吸引消费者的眼球，更要接地气。如果怡秒优品的产品和消费者的期许有很大的差距，总想着高高在上，那么就会让人觉得华而不实，没有什么期待和追求价值。因此，产品一定来源于生活，而不是幻想，为此，我总结出三句话：获取梦想中的产品，满足消费者的梦想，营造消费者的梦想。

在怡秒优品曾经的采购过程中，也发生过样品和成品不符的情况，因此，在整个链条中，品控的环节就显得尤为关键，这个环节如果做不好，一切功亏一篑。为此，我们制定了严格的品控系统。首先，采购部必须与供应商签完善的协议，从源头上抓品控；其次，新品到货后，采购部负责人必须亲自去门店检查；第三，新品上架前，店长必须亲自验货。为了让品控的流程落到实处，这三条同时也作为采购部负责人和店长的考核指标。

品质不能靠"王婆卖瓜"，不能靠媒体的传播，要做到让消费者眼见为实，这样，才能逐渐建立自己在消费者中的品牌形象，才能深入消费者心中去。怡秒优品曾经花了很大的心血设计出我们的吉祥物——秒仔，不仅消费者非常喜欢，而且还获得了国家专利。可是，2016年我们订制的2000个秒仔的质量却全部不合格，成品变形，看起来根本不像秒仔，后来，我们采取的方式是全部退回，工厂必须按照之前的样品一比一做，不允许任何的偷工减料。

我知道，有些传统的店面遇到类似的问题，尤其是赠品，可能会选择妥协，厂家可能会说，既然都已经出来了，就便宜几块钱，凑合着收了吧，但对消费者、对怡秒优品来说，这就是一种伤害。因此，怡秒优品不仅要将"优品"的观念导入消费者心中，还要将其贯彻到我们所有的员工、供应商心中，我们必须建立起这个机制，将其当作行规。

在怡秒优品，产品部门和采购部门是一个组合。作为产品经理，我要做的就是确保我选的这个产品是可以畅销的，而采购部则自行采购产品，并负责议价。最终，产品部门和采购部门的考核标准，都是根据销量。对于产品研发部门来说，选得好，卖得畅销，销量大，工资就高，所以，他们拼命去找当下最畅销的产品；对于采购部门来说，根据采购产品的销量、利润双重考核。一方面，如果采购的商品销量大，毛利又高，那就说明你采购的产品好、品质高；另一方面，如果采购员谈的价格比较低，利润比较大，跟收入肯定是挂钩的。有奖就有罚，倘若产品滞销了，我们也有相应的处罚，因此，采购部还要监控门店，及时消灭库存。在怡秒优品，没有一个员工是固定工资，你做的一切都和业绩直接挂钩。

Chapter 03

怡秒优品没有秘密，只有培训

究竟如何打造爆品？在前不久，小米手机的首席顾问金错刀先生出版了一本书，就叫《爆品战略》，在这本书中，金错刀说："爆品是一种极端的意志力，是一种信仰，是整个企业运转的灵魂！"怎么解读这句话呢？就拿小米来举例，雷军能将小米的爆品战略一直持续下去吗？答案显然是否定的。因为在小米庞大的产品线上，谁也无法做到款款都是爆品。这样的经验无疑对怡秒是异常宝贵的，我们追求爆品，但绝不能追求款款都能成为爆品，我认为，这是实体店打造爆品最基本的观点，要有所选择，有所抉择，这是成败的关键。

然而，很多人在打造爆品时不知道如何选择。我觉得这时候首先要有产品思维，更确切地说，要从市场与用户的角度充分理解你的产品，因为在传统的营销观念中，产品是"死"的，但是，在爆品战略中，产品不仅充满人性，而且和我们一样懂得呼吸，你只有把握它的脉搏，才可能真正走进产品的生命。

比如怡秒优品是最早引进大疆无人机的手机实体店，为什么会选到这样一个产品，把它作为我们的爆款呢？当时大疆无人机的新闻出现在很多媒体上，这是一家国产无人机制造公司，在全球的市场占有率是70%，在美国商用无人机市场份额达47%，可谓是独领风骚，在工业、农业、消防等领域都有应用，甚至成为明星的"浪漫制造机"，在章子怡生日派对上，汪峰使用的求婚工具正是大疆无人机。

我平时不仅喜欢看电影，也喜欢关注一些科技媒体，因为可以通过这些媒体了解当下最新的科技产品，甚至可以看到未来的趋势，因此，当我看到大疆无人机的信息后，我的职业敏感告诉我，大疆肯定会火。

我专门去了一趟大疆无人机的发源地深圳，这一趟南下之旅让我非常惊讶，原先整条街都卖苹果产品的店铺突然都在卖无人机，紧接着，各大科技媒体发布信息，大疆无人机进驻苹果官方专卖店。这些信息充满说明我的判断是正确的，无人机市场将是一个巨大的商机。当时，我马上在朋友圈转发了这条新闻。

随后，怡秒优品开始和大疆展开合作。在怡秒优品所有的门店的门口，营业期间航模必须一直在上空盘旋，通过这样的方式来吸引客户的注意力，同时也告诉消费者我们不光卖手机，同时也卖无人机。同时，我要求每个员工都必须要学会使用无人机。

当时，我们并没有想到用无人机来吸引女性客户，只是简单地觉得，通过展示无人机可以聚集人气,让大家出乎意料的是,很多小朋友看到怡秒优品门口盘旋的无人机后,都拽着妈妈的手不走。

这就是爆品带来的惊喜,当怡秒优品的所有系统、所有人员以及所做的一切都围绕着市场时,你会发现,工作充满了乐趣。很多人把生活和工作分开,在怡秒优品,我倡导工作是生活的一部分,可能工作不是生活的全部,但它绝对是生活中最为重要的部分。因此,如果你是店长,你是老板,就应该让你的工作场所充满乐趣,如果你的店里就像诗人写的那样,像平静的湖面一样悄无声息,那简直太可怕了。

倡导快乐工作的企业文化其实并不复杂。如果你的公司发生了一些具有纪念意义的事情,比如像大疆无人机这样的爆品出现,那就举行一个仪式,此外,就是要提倡坦诚、直率的沟通方式,让团队里的每一个人都展现其真实的一面,作为老板,经常与下属聚一聚,与他们成为交心的朋友。所有人都知道工作充满压力,但你是老板,你要做的就是不能将有这种压力成为大家的常态,而是让大家热爱自己的工作,主动解决困难。

怡秒优品上架大疆无人机后,大区经理告诉我,靠卖无人机这个单品的毛利润都要破万。大约一个星期后,其他的实体店才闻风而动,也开始卖无人飞机。

实际上,在无人机还没有成为爆品的时候,我就与下游的分销商商量:"这个东西肯定会火,你也卖吧!"

他说:"我们是卖手机的,卖什么飞机啊!不卖!"

我当时讲了一句话,我说:"现在怡秒没卖,怡秒一卖你们肯定跟着卖。"

果然，怡秒优品上货一个星期后，很多人也开始采购无人机，这不仅给我们带来了很多利润，而且还带动了其他店面和产品的销售，在很多实体店揭不开锅的时候，怡秒优品的销售额却全线上升。

于是，就有人问我："你是不是有什么特别的思维方式？怎么才能搜集到真正有用的信息？怎样才能获取像你一样的商业灵感？"

实际上，在前面我已经分享给大家，我根本没有什么特别创新的思维，我只不过是将自己置身于一线，置身于各种信息中，就像十多年前，我在迪信通做一名销售员一样。实际上，做店做的就是生活本身的生意，要做好这门生意，首先要将自己置身于生活之中。

我们生活的这个时代即信息时代，你有没有发现，几乎每天都有更新换代的事物发生，因此，作为怡秒优品的负责人，我必须时刻揣着危机感，让怡秒优品追随着时代的变化而变化。我经常跟我们产品部的人说，凡事不能只是注重眼前，要在拿到第一手信息后，对未来可能产生的变化进行预判，这样，我们选出来的产品才能满足消费者的需求。怡秒优品的未来在哪里？显然，就在这里！我们要为消费者提供最新、最好玩、最实用的产品。

至于如何获取商业灵感，我向大家推荐一个最有效的方法，那就是培训。我一直认为培训是怡秒优品的核心生产力。培训不仅可以帮助员工快速成长，而且在这个过程中，你需要直接面对和解决员工面对的各种问题，大脑在集中的时间、集中的人群中快速运转，这个时候，就是灵感、创意集中爆发的时候。

实际上，我并不将培训仅仅当作处理问题的手段，而是利用它梳理怡秒优品在经营过程中遇到的问题，并且将其系统化。因此，我每次培训的主题都不一样，比如针对产品的，不同的产品有不同的销售方法。比如说无人机到底应该怎么卖？当我抛出这个问题的时候，实际上，新的创意已经涌现出来了，因此，我制定的策略是无人机应该一个人演示如何飞，而另外一个人在旁边时刻准备着卖。我是先给店长培训，店长再去给一线销售员工培训，而对同一个问题，我只培训一次。

我是销售出身的人，因此，我大部分时间都在一线门店，观察到底怎么卖产品。每次新产品上架的时候，我都会去一线，亲自研究如何销售这款产品。正因为如此，我在一线的销售业绩是百分之百成交，有这样的结果，才有百分之百的说服力。

我认为，一个实体店的业绩不好，一定是因为管理者不会培训。道理很简单，实体店生意不好，肯定是因为员工不会销售，管理者不懂得培训。当管理者请培训师培训员工的时候，又发现没有效果，因为专业的培训师不是卖手机的，他怎么可能会真正了解一线销售到底应该怎么做呢？

为了在怡秒优品贯彻培训，让全员认识到培训的重要性，我让设计师专门为培训做了一款海报，这款海报很独特，大红色的底上面密密麻麻地写着上百个"培训"。

一个企业生生不息的秘诀就是培训。企业是一个生命体，它需要新陈代谢，需要呼吸，而培训就是这个生命体用来呼吸的嘴巴。在我看来，停止培训就意味着停止呼吸，因此，唯有培训可以解决企业经营的问题，唯有培训才是生存之道，唯有培训可以解决生死存亡的问题。如果今天，你的企业还没有培训，那么，你要做的第一件事就是把培训做起来，必须做起来！

培训不要局限于会议室里，不要局限于面对面，只要有成效，任何一种方式都可以。比如我们做出"培训"主题的海报后，我会第一时间内发到我们管理层的微信群里，再发到朋友圈，最后，我还会给每个员工发邮件。

培训的本质就是营销，要将产品卖给消费者，首先要将产品卖给自己的一线销售员，说服他们去销售无人机，激发他们的激情。在推大疆无人机的时候，我抛出一个观点："能够熟练销售大疆无人机，说明你还年轻，反之，你已经老了，我们连锁店不要老的人，需要有干劲的年轻人。"

我会用这样一些语言去激发一线作战员工去销售无人机，引导他们去做这件事情。为什么这件事你没有做？为什么你的敏感度那么低？去引导他，找到他那个点，让他有所作为。

比如怡秒优品的另一款爆品颈椎牵引器，我采取的也是同样的方式，用培训的方式先把颈椎牵引器卖给一线员工，让他们产生兴趣，认同产品的价值，认同我的观念，从心底先接受这款产品，我认为这是核心的东西。

培训一定要接地气，解决实际问题。换句话讲，任何一种形式上的培训都是浪费生命，这在怡秒优品是必须杜绝的。

我们针对销售的培训完全采取现场模拟的方式，我是销售员，员工是顾客。当顾客进入店里的时候，我让顾客把头抬起来，亲自帮他把他的颈椎拍下来，然后将健康的颈椎照片给顾客看，让顾客去对比。通过这样实地的训练，大家一下就会明白，当面对顾客时，顾客一看照片就会知道原来自己有颈椎病，就会买一个牵引器。

当员工接受过这样具体、落地的培训后，面对顾客的时候，他们就更加自信了，因为他们也有感同身受的体验。因此，在面对客户时，再也不是生硬地去讲解。

此外，如果爆品产品的利润高，我们就针对其再设定一个现金激励措施，通过现金激励，培养一线员工主动推广新品、培育爆品的市场意识。这种意识的培养非常重要，就拿颈椎牵引器这个产品为例，你要如何说服并激发你的一线员工在手机店里去卖一个原本在药店里才有的产品呢？

因此，我们不仅要说服一线员工去卖，而且还要激发他们的欲望，那么，现金激发无疑是最好的方式。员工卖一个颈椎牵引器是100元的话，除了正常的业绩提升外，再给员工提成20元，给店长提成10元。

我相信，越来越多的实体店会像怡秒优品一样去培训、去销售，我经常跟大家说，现在行业内已经掀起了"怡秒风"，就是怡秒卖什么，业内就卖什么，这是一个非常好的现象。

我相信，怡秒优品的未来不仅是一个销售3c产品的平台，而是一个销售梦想的品牌，是一个销售成功、销售正能量的平台，这是我将我的第一本著作命名为《超越梦想》的原因。我相信，怡秒优品在未来不再单纯销售某个产品，而是销售一种思想、一种生活方式以及生存的态度。

为什么我这样说呢？比如说，无人机并非只能由专业人士购买与使用，因为它不但可以给人们一种新的生活乐趣，而且还可以治疗颈椎病，它实际上就是一种生活方式。颈椎牵引器也是一样的，现在人们经常看手机，我可以用这个产品解决颈椎问题，其实我卖的就不是手机了，卖的是健康，是这种思维。未来我还可能卖饮料，我卖什么样的饮料呢？那种有情怀的饮料，比如说在这款饮料包装上面就印上一句话："怎么才能成功，要成功，先发疯，头脑简单往前冲。"

或许我会看走眼，或许会有失败的产品，但这却是怡秒优品必须要走的一条路。就目前来说，我们推的每一款产品都很成功，几乎我们推什么同行就跟风卖什么，因此，供应商也喜欢和我们合作，甚至逐渐形成一种风气，甚至有供应商也在分析怡秒优品，他们看怡秒优品在卖什么，就赶紧采购并推广给其他手机店。

Chapter 04

好内容是新商业的入口

当营销和科技革命、信息革命一样如火如荼，消费者们也随之发生改变，他们变得越来越精明，关注力也越来越短，对营销信息也越来越免疫，硬广告、硬促销的方式对他们已经很难奏效，因此，实体店的营销要不断创新。

尽管如此，但我认为，营销的本质并未发生改变。当消费者对一种信息免疫，必然会有另一种信息出现，因此，要吸客，就要给消费者足够的诱惑与好处，让消费者对你产生"感觉"。2015年，"罗辑思维"仅靠自己的公众号导流卖书就卖了1亿多元，究其根本是因为与传统的信息接收方式相比，在信息爆炸时代的今天，消费者更愿意相信专业人士在社交网络上推荐的产品。

2016年，视频和直播成为当之无愧的风口，紧接着IP成为年度热词，papi酱就是最为经典的例子之一，在不到1年的时间内就积累了1700多万名粉丝。然而，不论是知识经济，还是网红经济，关键在于能否形成持续的影响力。2017年，可以被称为自媒体的元年，我认为，所有的创业者都应该分享信息革命带来的红利。

今天这个时代，个性是成功者的通行证，平庸是失败者的墓志铭。每个创业者、每个企业都应该成为自己这个圈层的意见领袖，都应该有自己独特的标签，尤其是像怡秒优品这样的零售型企业，更应该进行资源重构。

实际上，围绕着信息革命的商业重构早就已经开始了，早在2006年，国内出版商就曾推出美国著名新闻人托马斯·弗里德曼的著作《世界是平的》，在书中，他已经预示随着科技和通信的进步，人们将史无前例地彼此接近。直到今天，当我们谈起苹果手机，我们就会想到乔布斯；谈及阿里巴巴，我们就会想到马云；谈及小米，我们就会想到雷军；谈及格力，我们就会想到董明珠；谈到特斯拉，我们就会想到马斯克……

对怡秒优品来说，我们连接消费者的不仅仅是店铺，还有持续不断的内容供应，为此，我必须从幕后站到台前，直接与我们的顾客产生连接。因为在信息时代，人是连接点，而作为怡秒优品的代言人，我就是超级连接点以及流量的入口。

我要求怡秒优品的店铺里必须摆放我的照片，每一家店面、每一个体验台都必须放，我曾和员工说，你可以把我卖出任何价格，卖给任何人，因为我就是公司的产品。当我决定内容化运作的时候，我做每一件事情都是和媒体同步，比如在公司计划销售大疆无人机后，我们公司和大疆公司签协议的新闻就出来了。

在人的价值越来越被彰显的今天，一个好的创始人以及与其匹配的好内容就意味着巨大的商业空间，这也就是为什么现在很多知名的企业都围绕着创始人展开的原因。企业和企业的竞争，将是内容与内容的竞争；企业与企业的合作，将是内容与内容的匹配。现在，如果有一个个体手机店与怡秒优品合作，进行联盟，那么，它将在最短的时间内获取资源。

我认为未来的商业格局是线上线下、虚实结合。实际上，2014年年底，我就在思考，"互联网+"到底是一个什么样的形式，未来到底是什么趋势？简单地说，"互联网+"就是虚实结合，这是社会发展的一个趋势。但是到目前为止我们没有看到一家将O2O和"互联网+"做得非常成功的公司，整个行业，整个市场，都在研究如何与互联网结合，如何才能加入这个大的网络格局中。

那么，实体店的出路究竟在哪里呢？像国美和苏宁一样，开发线上商城，显然，它们的路走得并不顺利；像京东一样烧钱做平台，显然不太可能；退一步，直接入住天猫、京东，显然，这绝对不是怡秒优品的风格。

实际上，这不仅仅是怡秒优品面对的问题，而是整个零售业实体店都存在的一个共性的问题，最终，我们决定做平台，为的不仅是怡秒优品自身，而是整个行业，这便是怡秒在线的源起。怡秒在线不仅仅为怡秒优品服务，而是服务全国所有的手机实体店与个体经营者。

首先，要把线上的用户引流到线下来，这样，对实体店才有价值。那么，如果把实体店的流量全部导引到线上，在线上销售可以吗？答案是否定的，我们是实体店，如果要存活，必须要让线上给我们的实体店带来流量。

基于互联网思维，并不是说我们要开一个网店，将实体店的用户引流到线上去购买，这种模式除了会把实体店搞垮，而且会让线上的竞争更加激烈，更无法凸显实体店的优势。

其次，利用互联网增加客户，增加用户黏性。要让客户离不开实体店。互联网是一种导流的工具，消费者在实体店消费后，我们可以通过"互联网+"的形式黏住客户。

因此，这就需要我们所有的实体店一起来做，这样才能形成规模效应和品牌效应。未来一定是线上与线下结合的商业时代，不仅怡秒优品实现"互联网+"，全国四万多家手机实体店都要实现"互联网+"，我把这个平台取名为怡秒在线，就是要用怡秒来把大家连接起来，做到共生。

我们要通过这样的一种方式，让客户消费完以后还能成为怡秒在线的用户，与此同时，很多实体店存在的困扰可以通过怡秒在线提供的服务来解决。

如何给消费者更好的购物体验，这也是我们思考的问题。所有的实体店面都存在一个问题，就是如果将手机价格打折促销，消费者对其折扣和优惠幅度是模糊不清的，因为简单的打折并不直观，但是在线上就不一样，所有的产品都是明码标价的，消费者会很直观地看到这个优惠幅度。再者，对于消费者来说，在我们任何一家店面购买产品，就相当于拥有了四万多家手机店为其一个人服务，走到任何一个城市都可以。

现在，全国很多实体店都难以维持，房租、人工成本高昂，然而，线上店没有这种成本，所以一直在压价，造成了实体店整体的经营劣势。不管是服装行业还是餐饮行业的实体店，都遭遇很大的冲击。手机行业也是这样，传统的这四万多家实体店，我们谁也不能断然说，一年是死一千家还是死一万家，但可以肯定地说，这四万多家活得很好的可能还不到20%。

如何让实体店进入互联网，如何进行融合，需要的就是入口，现在所有的传统企业，尤其是线下店都在找入口，实际上，实体店的联盟就是最大的入口。今天，如果不抱团在一起，实现实体店向"互联网+"的转型，明天，互联网必然会反攻实体店。

我为什么说实体店就是最好的入口呢？就拿手机实体店来说，全国这四万多家店都在商业街、主干道上面，本身人流量就很大，这就是先天的优势，试问，有哪个互联网公司有四万多个入口？哪怕一个实体店一天只有一个客户，对于线上平台来说，一天就有四万多个，况且，我们一家店怎么可能只有一个客户呢？如果我们联合起来，那么这个客流量对于线上平台来说将是多么恐怖的存在。我相信，只要我们形成联盟，怡秒在线将会成为互联网上最大的入口。

Chapter 05

创建怡秒在线的初心

我还在上小学的时候,村子里有个鱼塘,算是整个村子的共有财产,每次捞鱼、分鱼时都是每家一份,一塘的鱼打上来,大大小小要分上50份,每家每户能分到三五条鱼;现在,像我这个年龄的人大多成家了,村子也大了,至少也有百十来户,可是池塘还是原来的大小,这一塘的鱼要从原先的50份改成现在的100份,每家每户还能分到多少鱼呢?

我一直在思考,为什么我们村总是脱不了贫?为什么家庭就是搞不好?为什么就成功不了呢?因为大家总是想着自己。一户人家两个儿子,母亲病了,大儿子说没钱,二儿子也说没钱,这就是贫穷的代价!难道你眼睁睁看着自己的母亲病死在床上吗？我想，身为人子，就算去卖血卖肾，也要去给母亲看病，这就是责任，就是爱。

在爱的力量的支撑下，竭尽所能地付出，而正是这种爱让家人信任你、支持你、认可你。你所做的一切，他们都全力支持，无怨无悔。只要你敢于付出、敢于爱，你就能影响你身边的人、你的子女，而你的家族就会因此走上兴旺的道路。

过去，因为贫穷，我选择创业；因为我爱我的亲人们，我想改变整个家族的命运，我选择创业；因为我想让老人老有所依，不愁吃穿，安享晚年，我选择创业；因为想让村子里的年轻人有更多的就业选择，而不是只能卖苦力，我选择创业……

有一天，我退休的时候，我坚信，我的儿子、女儿，我的孙子，他们不会不管我，这便是一种家族精神。我切身体会到这种家族精神带给人的力量和幸福感，我希望能将它传承下去。

在我很小的时候，我向邻居借自行车，没有借到，当时我很失落，我不明白他为什么不借给我，难道就是因为贫穷吗？时过境迁，当时的心结早已不复存在，而我终于明白，这不过是由人的自私心理衍生出来的狭隘行为而已。

这种自私狭隘，会让人更加富有吗？显然不能，而我为了家人去努力、拼搏与付出，我却没有因此更加贫穷，反而更加富有。

为了表达我的想法，我为村里修了两条宽敞的路，我希望整个村子的人能够有切身的体会，也真的懂得，一个人只有愿意竭尽全力为别人做事情，为别人付出，他才会变得真正富有。

尽管修路几乎花掉了我们一年的利润，然而也正是在那一年，我们的专卖店由三家变为十家。大年初二，我回老家过年，路已经修好了，两条四米宽的水泥路，贯穿村子的东西和南北，非常漂亮，晚上路灯亮起来，村子里洋溢着过年的喜气。

随着怡秒优品的扩大、店铺的增多，村子里的很多年轻人都进了怡秒团队，根据个人能力，从事各式各样的工作，有的修手机，有的做销售，也有的做店长。

我告诉他们，唯有学习才能改变我们的命运，因为我就是个活生生的例子。

现在我们村都非常重视孩子的教育，不仅如此，老人们的幸福感也比原来要强了。每年的大年初二，我们一家人都会回老家给大家拜年，村子里的人见了我就嘘寒问暖，打心底里感激我。

我觉得，决定做一件事情，不能想着我要因此怎么样，而是我能帮助别人得到什么好处，能给别人带来什么样的价值。同理，如果怡秒在线不能帮全国四万多家实体店提升业绩的话，那我就没有存在的价值。

事实上，实体店和怡秒在线连接以后，怡秒除了能给实体店带来流量以及第三块服务利润外，还能解决实体店未来的生存问题。

实体店和怡秒在线有两种合作方式：一、实体店直接销售怡秒在线的服务，以获取服务产品的利润；二、实体店以加盟怡秒优品的标准去运营店面。不论哪种形式，都解决了当下实体店转型的问题。

未来我们将怡秒在线打造成手机售后服务的标杆性与标准化产品。

首先，针对全国所有的怡秒在线会员用户，提供统一的服务，即一致性；其次，在同一时期，所有加盟怡秒在线的实体店的同一款手机价格是一样的，即控价；第三，当怡秒在线平台上的商家出现不诚信行为的时候，所有的责任由怡秒承担，确保消费者权益。

对商家来说，加盟了怡秒在线，就等于解决了生存问题；对消费者来说，选择了怡秒在线，就等于拥有了全国性服务保障。这便是互联网的魅力！

只要加盟怡秒在线，我们保证实体店的净利润最低获得30%的递增率，事实上，目前，我们的加盟店一般都会获得至少50%的提升，有的甚至翻了一倍。安徽省太和县的一个客户，他在没有加入怡秒在线之前，一个店面的利润平均下来大概就是三四万块钱，这个店大约有80平方米，地理位置也十分优越，在太和县县城的主干道上，店名叫忆酷，是夫妻店的形式。他和怡秒在线联盟以后，现在每月的利润基本上都维持在10万元以上。

我认为，如果没有一个好的平台、好的机制、好的标准去解决这些问题，不论是单店经营，还是连锁经营都无法生存下去。目前，国内只有怡秒在做这件事情，

超越梦想

我知道这条路必定充满挫折，但我坚信我们一定能做成，并不是因为这是我个人的梦想，也不是因为这是怡秒人的梦想，而是我们的初心是改良这个行业，我们做的是这个行业的趋势。

现在，怡秒在线的平台已经搭建好了，团队也组建好了，就等大家一起来入驻，共同完成我们的梦想。在创业的道路上虽然九死一生，但好在梦想永驻，此时，我和怡秒的所有人已经在路上，我们希望找到认同我们的价值观、认同我们的理念、对未来充满梦想的人一起同行。

我曾经只管怡秒优品的生意，至于其他人好不好与怡秒无关，在这个过程中，有很多的同行来找我，随着沟通频率的增多，我发现，这个行业存在的问题真的很多，更重要的是实体店出现这些问题并不是偶然的，而是必然的。对实体店的经营来说，最关键的无非就是利润，而利润问题的根源即商业模式出了问题，于是，我想要找到一个新的商业模式，解决所有的手机实体店的利润问题，这便是我做怡秒在线的初心。

2015年，我提出建立怡秒在线平台的想法，从解决全国四万多家手机店的利润问题入手，找到入口，再进入资本市场，但我的创业团队、合作伙伴几乎都不同意。因为当时怡秒优品的发展已经稳定了，大伙儿本着"小富即安"的态度，不愿意再去冒险，因此，我最终做下怡秒在线这个决策，其实是经历了很痛苦的过程。

很多人刚刚开始参与做怡秒优品的时候，都算不上富人，好不容易将创业的"苦日子"熬到头，每年坐收一两百万的分红，我却说服他们放下这些钱，重新开始去爬另一座山，而且，这座山到底有多高，他们完全没有概念。

当时，我本来的计划是要将怡秒优品整体做股份改制，为公司上市做准备，由于大家反对的声音比较大，后来我选择了让步，重新做了一家股份制公司，在这家新公司里，大家都持股，原先的怡秒优品实体店就成为新的股份公司的合作伙伴，这样既不影响实体店的收益，又能将大家带到新的股份公司中去开创新的事业。

怡秒在线上线后，帮助怡秒优品的各个实体店提升了业绩，大家都享受到了"互联网+"带来的好处，也就没有理由不支持这样的事业。

这就是怡秒优品和怡秒在线，我认为，这是我们手机行业实体店的未来！

这个板块的内容，让你有什么感悟？

_____

_____

_____

_____

_____

_____

_____

_____

图书在版编目（CIP）数据

超越梦想 / 朱朋虎著. -- 北京：华夏出版社，2017.7
ISBN 978-7-5080-8920-1

Ⅰ.①超… Ⅱ.①朱… Ⅲ.①移动电话机—零售商店—商业经营—研究—中国 Ⅳ.①F713.32

中国版本图书馆CIP数据核字(2016)第191349号

版权所有，翻印必究。

超越梦想

作　　者	朱朋虎
责任编辑	王占刚　王秋实　许　婷

出版发行	华夏出版社
经　　销	新华书店
印　　刷	北京京都六环印刷厂
装　　订	北京京都六环印刷厂
版　　次	2017年7月北京第1版　2017年7月北京第1次印刷
开　　本	720×1030　1/16开
印　　张	15
字　　数	130千字
定　　价	49.00元

华夏出版社　网址：www.hxph.com.cn 地址：北京市东直门外香河园北里4号 邮编：100028

一个"内容专家",顶得上"千军万马"!

生意越来越难做!

钱越来越难赚!

每个行业都被颠覆!

每个公司都在变革!

坚守?

GET OUT！

这个世界到底怎么了?

难道辛辛苦苦奋斗了这么多年,

还要重回解放前?

SAY NO！

怎 么 办？

怎 么 卖？

扫　　码！

卖内容

前500名免费获得《内容专家》图书一册!